ÉPIGRAPHIE ROMAINE

DU POITOU

PAR

M. Bélisaire LEDAIN

(Extrait des Mémoires de la Société des Antiquaires de l'Ouest
de l'année 1886.)

POITIERS
IMPRIMERIE BLAIS, ROY ET Cⁱᵉ
7, RUE VICTOR-HUGO, 7.

1887

ÉPIGRAPHIE ROMAINE

DU POITOU

PAR

M. Bélisaire LEDAIN

(*Extrait des Mémoires de la Société des Antiquaires de l'Ouest de l'année 1886.*)

POITIERS
IMPRIMERIE BLAIS, ROY ET Cⁱᵉ
7, RUE VICTOR-HUGO, 7

1887

ÉPIGRAPHIE ROMAINE DU POITOU

Par M. Bélisaire LEDAIN.

L'importance de l'épigraphie n'est plus à démontrer. Les documents véritablement authentiques, purs de tout remaniement qu'elle fournit sans cesse à l'histoire, ont rectifié et souvent même renouvelé l'état des connaissances acquises. C'est ce qui explique le soin avec lequel on recherche et on recueille de toutes parts ces précieux textes. Les inscriptions romaines, qui étaient si nombreuses, ont surtout fourni un contingent remarquable et du plus haut intérêt. Il en a été découvert dans certaines villes telles que Lyon, Vienne, Arles, Nîmes, Béziers, Bordeaux une quantité considérable que les érudits se sont empressés de copier et d'interpréter. Des recueils partiels et locaux ont été publiés dans presque toutes les provinces de France. C'est le seul moyen de parvenir à la confection d'un bon corpus général. En attendant la publication de celui si impatiemment attendu de M. Mommsen, il est bon que chacun travaille dans sa province à un recueil que les découvertes augmentent tous les jours.

Le Poitou n'est pas aussi riche que beaucoup d'autres contrées en inscriptions romaines, malgré le nombre considérable de celles qui devaient exister à Poitiers et qui ont péri depuis longtemps. Un recueil complet de toutes celles qui ont survécu ne paraîtra peut-être pas inutile. Déjà, en 1864, M. de Longuemar, dans son *Épigraphie du haut Poitou*, publiée dans le XXVIII° volume de nos Mémoires, avait réuni 31 inscriptions romaines. Depuis cette époque, des découvertes en ont révélé de nouvelles. Dispersées dans des publications diverses, il convient de les grouper en un seul corps et de les accompagner de notices explicatives afin d'en faciliter l'étude.

Nous nous sommes efforcé de donner d'abord un bon texte des inscriptions; puis, nous avons reproduit les opinions et interprétations émises jusqu'ici sur chacune d'elles. Enfin, nous avons tenté sur plusieurs quelques éclaircissements nouveaux et quelques déductions historiques.

Notre recueil comprend 80 inscriptions et s'étend du premier siècle à la fin du cinquième, réunissant ainsi aux inscriptions païennes plusieurs épitaphes chrétiennes. Il est divisé en sept classes : 1, Inscriptions en langue celtique. 2; II, Inscriptions en l'honneur des divinités païennes, 7 ; III, Inscriptions funéraires, 36 ; IV. Inscriptions monumentales, 8 ; V, Inscriptions de bornes milliaires, 20 ; VI, Inscriptions sur vases et briques, 5 ; VII, Inscription de nature indéterminée.

Il était aussi nécessaire de compléter ce recueil par la liste des noms de potiers relevés jusqu'à ce jour en Poitou. Elle ne s'élève pas à moins de 533 noms. Des listes semblables ont été dressées dans d'autres provinces et dans les pays étrangers. Leur comparaison donnera des renseignements précis sur les lieux d'origine de ces belles poteries dites samiennes, ou autres moins parfaites, dont le commerce était si étendu dans le monde romain. On pourra ainsi probablement découvrir la situation des principales fabriques et connaître l'importance plus ou moins grande de l'exportation de leurs produits. Des fours de potiers romains ont été trouvés, à Poitiers, par le P. de la Croix, lors des travaux de nivellement exécutés, il y a quelques années, au Jardin des plantes. On y a recueilli une quantité considérable de poteries rouges et un fragment de moule d'un vase en forme de bol, orné de palmettes. Ce précieux débris, conservé par M. Dupré, architecte, démontre péremptoirement l'existence, à Poitiers, d'une fabrique de poteries à l'époque romaine.

Si l'ensemble de ce recueil d'inscriptions romaines du Poitou ne présente pas un intérêt aussi puissant que celui de plusieurs autres contrées, il pourra peut-être fournir des points de comparaison et des observations utiles pour l'intelligence de textes découverts ailleurs sur des points parfois très éloignés. Il sera surtout d'une utilité moins contestable pour l'étude de l'histoire et des antiquités locales (1).

(1) Au moment où nous terminions ce travail et où nous en commencions la lecture à la Société des Antiquaires de l'Ouest (mars 1887), nous avons eu connaissance du premier article d'un recueil semblable embrassant le Poitou et la Saintonge dont M. le lieutenant Espérandieu a entrepris la publication dans la *Revue Poitevine et Saintongeoise*. Quoique opérant sur le même terrain, nous n'avons pas cru devoir l'abandonner. Quelques-uns considéreront peut-être comme inutile la publication de deux ouvrages sur un sujet identique. Nous estimons, malgré cela, qu'ils ne sauraient se nuire. Notre plan plus restreint, il est vrai, que celui de M. Espérandieu, en diffère sensiblement. Les commentaires et interprétations des inscriptions pourront quelquefois être encore plus divergents. On n'ignore pas combien sont délicates les questions épigraphiques. Les études de plusieurs sur les mêmes textes sont donc loin d'être inutiles. Les lacunes et erreurs possibles de l'un de nos deux recueils seront sans doute comblées et réparées par les observations de l'autre. Il n'y aura donc pas lutte entre nous, mais un effort commun pour arriver au même but.

INSCRIPTIONS EN LANGUE CELTIQUE

I

RA╤N BRIVATIOM
FRONTV TARBEISONIOS
IEVRV

Cette célèbre et énigmatique inscription est gravée sur le menhir du vieux Poitiers, non loin des bords du Clain. Ses caractères sont très rustiques. Elle a donné lieu à bien des interprétations. Il demeure acquis aujourd'hui qu'elle est conçue en langue celtique, et que le mot IEVRV est la troisième personne d'un prétérit signifiant *fecit, erexit, vovit, consecravit*. On le rencontre avec le même sens incontestable sur plusieurs autres inscriptions découvertes en divers lieux de la Gaule, notamment à Volnay, à Autun, à Dijon, à Alise.

Interprétation de M. Monin :

RATN BRIVATIOM
en faveur des Brivates

FRONTU TARBELSONIOS
Fronto   fils de Tarbelos

IEVRV
a fait

Interprétation de M. Pictet :

Tumulum ad pontem
Frontoni Tarbellinos
vovit

ou : *Tumulum ad pontem*
Fronto Tarbellinos
vovit

Cette dernière interprétation semblerait plus vraie. ***Brivatiom*** désignerait une localité sur le bord d'une rivière et munie d'un pont, comme beaucoup d'autres localités gauloises ayant un nom et une situation analogues. ***Frontu*** est le nom d'un personnage qu'on peut traduire par Fronto, originaire de Dax, *Tarbelonios*, mot qui, s'il était bien lu, ne saurait signifier autre chose que la cité d'*Aquæ Tarbellicæ* (Dax). Mais l'original donne *Tarbeisonios*.

M. Pictet, après une nouvelle étude de ce texte, a modifié sa première interprétation de la manière suivante. Voici d'abord sa lecture :

Ratin brivatiom
Frontu tarbeisonios
ieuru

Voici maintenant sa traduction :

Propugnaculum pontilium
Fronto Tarbeisonios
fecit

Ratin, qu'il lit ainsi au lieu de *Ratn*, serait un accusatif et signifierait une fortification circulaire, *propugnaculum*.

Brivatiom serait le génitif pluriel de *Briva* qui, en gaulois, a la signification certaine de pont et devrait se traduire en latin par *pontilium*.

Frontu est pour Fronto, et c'est un nom romain.

Tarbeisonios, au lieu de *Tarbellinos*, serait un mot composé, signifiant *taurinâ voce præditus*. *Sonios* pourrait avoir le sens de fils, mais plutôt celui de son, voix, comme dans l'ancien irlandais. M. Monin l'a traduit par fils de Tarbelos.

Le mot *ieuru*, traduit par *fecit*, n'est pas douteux.

M. Pictet considérerait l'inscription comme datant du II° siècle et gravée, par conséquent, sur le menhir longtemps après son érection, par Fronto, ou en l'honneur de Fronto, constructeur d'une fortification près d'un pont.

Cette conclusion semble bien hasardée, car le menhir du vieux Poitiers, de même que les autres monuments de ce genre, notamment ceux de la Bretagne, doit être plutôt considéré comme étant un tombeau élevé par Fronto ou à Fronto. La première interprétation de M. Pictet nous semble plus conforme à la nature du monument :

Tumulum ad pontem
Fronto Tarbeisonios
vovit

Malgré les incertitudes de lecture et d'interprétation, on pourrait donc considérer le menhir du vieux Poitiers comme un monument funéraire élevé à l'époque romaine, pendant laquelle, on le sait, la langue celtique demeura en vigueur. Le nom propre FRONTV, remarquons-le à cette occasion, se rencontre sur une poterie romaine trouvée à Poitiers.

(*Monuments des anciens idiomes gaulois*, par Monin, 1861, p. 96. — *Revue archéologique*, 1867. — *Dictionnaire archéologique de la Gaule, époque celtique*, t. Ier.—*Mém. des*

Antiq. de l'Ouest, t. XXVIII, p. 155 et pl. I. — *Bull. des Antiq. de l'Ouest*, VII, 303, 321; IX, 25; XI, 270, 543. — *Bull. de la Société de Borda*, 1883. — *Nouvel essai sur les inscriptions gauloises*, par Pictet, 1867. — *Ethnogénie gauloise, Glossaire gaulois*, par Roger de Belloguet, p. 198. — *Catalogue de la galerie lapidaire des Antiq. de l'Ouest*, qui possède un moulage de l'inscription.)

II

BIS GONTAURION ANALABIS BIS GONTAURIOSO
CEANALABIS BIS GONTAURIOS CATALASES
VIM CANIMA VIM SPATERNAMASTA
MASTARS SETUTATE JUSTINA QUEM
PEPERIT SARRA

Cette très curieuse inscription, tracée à la pointe sur une lame d'argent, a été découverte, en 1858, à Poitiers, dans les fouilles pratiquées pour la construction d'une maison, au coin de la rue Saint-Denis et de la rue des Quatre-Vents. La lame d'argent était enroulée sur elle-même et renfermée dans un étui de bronze. L'inscription, gravée en caractères cursifs, est rédigée en langue celtique, sauf les quatre derniers mots qui appartiennent évidemment à la langue latine (1). L'interprétation de son contenu présente de grandes difficultés en parties vaincues par les savants qui l'ont étudiée. Mais si les versions qui en ont été données diffèrent quant au sens littéral, on est parfaitement d'accord sur la signification générale de l'inscription.

(1) Un fac-simile très exact de cette inscription a été donné dans le *Bull. de la Soc. des Antiq. de l'Ouest*, t. IX, 1ᵉʳ trim. 1859. Il ne faut donc ici tenir aucun compte de la forme des caractères. Mais le texte est conforme à la lecture adoptée jusqu'à ce jour par les celtistes.

C'est une formule d'incantation semblable à celles recueillies par le médecin Marcellus Empyricus, originaire de Bordeaux, et médecin de l'empereur Théodose, à la fin du IVe siècle. Il recommande d'écrire ces invocations superstitieuses sur des lames de métal et de les suspendre sur le malade. Chaque formule a un rapport direct avec la maladie qu'elle a pour but de conjurer. Les formules sont tantôt païennes, tantôt chrétiennes. On est donc fixé, sinon sur le sens, du moins sur le caractère et la destination de la curieuse lame gravée, découverte à Poitiers. C'était un talisman médical, rédigé par quelque médecin contemporain de Marcellus, et employé par une certaine Justina, fille de Sarra. Il est remarquable que cette formule latine finale se retrouve dans plusieurs de celles de Marcellus, indiquant, comme ici, la personne à laquelle le talisman est destiné.

Interprétation de M. Pictet :

Conjure le fascinateur par des souffles!
Conjure le fascinateur par des chants!
Conjure les incantations du fascinateur!
Loin de moi la plainte! loin de moi la stupeur!
Que la rétention de l'urine cesse!

Interprétation de M. Monin :

Ainsi soit! chasse par souffles le trépas.
Ainsi soit! chasse par souffles la maladie du trépas.
Ainsi soit! le trépas disparaît.
Loin de moi enchantement! loin de moi la souffrance!
Teutatés et fées, allez-vous-en.

(*Bull. de la Soc. des Antiq. de l'Ouest*, t. IX, p. 7-19; 29-41; 540. — *Mém. des Antiq. de l'Ouest*, t. XXVIII, p. 156. — *Monuments des anciens idiomes gaulois*, par Monin, p. 89-93.

INSCRIPTIONS EN L'HONNEUR DES DIVINITÉS PAIENNES.

III

AVG ET
MERCVRIO
V·S·L·M
TIB·CL·POTIT
FIP~~ ~~ N`

Cette inscription votive a été découverte, en 1840, à Poitiers, dans des jardins situés près de l'amphithéâtre romain, lors de l'ouverture de la rue Neuve-de-la-Baume. Elle est conservée au musée des Antiquaires de l'Ouest. Sa lecture est facile, sauf la dernière ligne qui laisse quelque doute à cause de la lettre L qui suit F, et qui, dans l'original, ressemble plutôt à un I.

Augusto et
Mercurio
votum solvit libens merito
Tiberius Claudius Potitus
flamen perpetuus in urbe.

(*Mém. des Antiq. de l'Ouest*, t. VII, 99; t. XXVIII, 145, *Épigraphie du Haut-Poitou*, par de Longuemar. — *Anc. catal. du Musée*, p. 51. — *Catalogue de la galerie lapidaire des Antiq. de l'Ouest*, par B. Ledain, p. 13.)

IV

DEO·MERCVRIO·ADSMERIO I VENIXXΛM VSLM.

Cette inscription votive est gravée sur le pourtour de l'orifice d'un curieux vase en bronze découvert en 1880, par le P. de la Croix, dans un puits, près des ruines d'un édifice antique, sur les hauteurs de la Roche, à Poitiers.

Lecture : *Deo Mercurio adsmerio Julius Venixxamus libensmerito*
ou : *Venixxamus votum solvit libens merito.*

M. Mowat, qui a donné la lecture précédente, a fait observer que le surnom de *atesmerius* est également donné à Mercure dans une inscription gravée sous une statuette de ce dieu, découverte à Meaux. On a trouvé, dans des inscriptions d'Igg en Autriche et sur une inscription d'Alichamps (Cher), le même nom de Venixamus porté par le donateur de l'ex-voto de Poitiers.

Le P. de la Croix suppose avec quelque raison que les substructions dégagées par ses soins, près du puits où a été trouvé le vase, sont celles d'un temple de Mercure. Il a donné ce curieux vase au musée des Antiquaires de l'Ouest.

(*Bulletin monumental*, 1880, p. 186, 187. — *Idem*, 1882, p. 263, 265. — *Bull. des Antiquaires de France*, 1880, p. 116, 117.)

V

MARTIS.MERCVRI.VENERIS

Cette inscription votive est gravée sur le pourtour d'un bracelet d'or découvert, en 1859, au Recloux, près Vivonne. Il y avait là les ruines d'une villa romaine assez riche. Le bracelet est conservé au musée de la Société des Antiquaires de l'Ouest.

(*Bull. des Antiq. de l'Ouest*, t. IX, p. 59, 60, 249. — *Mém. des Antiq. de l'Ouest*, t. XXVIII, p. 153.)

VI

HERCVLI AVG
FPRISCINVSFVLVNIIF
CRVND

Cette inscription votive a été découverte au commencement de ce siècle, près de la Gaubretière (Vendée). (*Congrès archéol. de Fontenay*, 1864, p. 68.) Il est regrettable que M. Fillon, qui l'a signalée, n'ait pas donné de renseignements plus complets à son sujet. Nous la reproduisons telle qu'elle a été dessinée dans le volume du Congrès de Fontenay. La lecture des deux premières lignes ne semble pas difficile :

Herculi Augusto
Fulvinus Priscinus Fulvinii filius

Mais le sens de la dernière ligne demeure obscur.

VII

DEÆ OCÆ
CASTSSIMA
CLAR. COEAT
LIB. FECIT

Cette inscription votive était gravée sur un petit autel carré, découvert, au milieu du siècle dernier, dans le faubourg de la Tranchée de Poitiers. Outre l'autel, on trouva un bas-relief de porphyre et deux torses de femmes. M. Berrier, intendant de la province, recueillit ces curieuses antiquités qui ont disparu depuis longtemps. Mais Beaumesnil les avait heureusement dessinées en 1747, et M. André leur a consacré un savant mémoire en 1829. (*Bull. de la Soc. d'agriculture, belles-lettres, sciences et arts de Poitiers*, t. II, p. 243, 265. — *Recueil de Beaumesnil*, à la bibliothèque de Poitiers.)

Le bas-relief représentait sept femmes nues et échevelées, se livrant autour d'un cadavre au plus violent désespoir. Celle qui préside à la cérémonie porte une couronne de roses et une ceinture. A droite est un vase carré d'où sort une lance surmontée d'une peau de bélier, puis un arbre coupé et deux vases ronds ; à gauche, un buste de femme dont la base carrée rappelle les statues d'Hermès.

Les deux torses, dont l'un est debout et l'autre assis, représentaient deux femmes nues.

L'autel était carré et de 27 pouces de hauteur. Sur l'une de ses faces était gravée une amphore ; sur une autre se voyait l'inscription dont le sens est très intelligible :

A la déesse Oca, la très chaste Clara Cœate a volontiers dédié cet autel.

Le culte de la déesse Oga avait été apporté par les Phéniciens dans la Grèce, où on la confondit bientôt avec Minerve. C'était la même déesse que Vénus-Uranie, l'épouse d'Adonis, enlevé à la fleur de l'âge, et que chaque année les femmes venaient pleurer dans des cérémonies mystérieuses. Le bas-relief représentait évidemment les fêtes de Vénus pleurant Adonis. Le culte secret de la bonne déesse qui se célébrait aussi à Rome, uniquement par des femmes, n'était guère autre chose que la reproduction des mystères de la Phénicie. Ces cérémonies dégénérèrent, on le sait, en désordres honteux ; mais à l'origine, et en principe, les femmes qui y prenaient part devaient être chastes. De là vient la qualification de très chaste, *castissima,* dont se pare la gallo-romaine Clara, dans son inscription votive en l'honneur de la déesse Oga. La femme qui présidait à ces fêtes portait seule une ceinture, la ceste, parure de Vénus-Uranie, et une couronne de roses, suivant le rite des mystères de la bonne déesse. Or, tout cela est représenté sur le bas-relief trouvé à Poitiers avec l'autel d'Oga.

La conclusion de M. André, étayée de nombreux textes des auteurs de l'antiquité, c'est que la déesse Oga n'est autre chose que la Minerve céleste ou Vénus-Uranie des Phéniciens, et que c'est à elle qu'est dédié l'autel trouvé à Poitiers. Le mot *oca* de l'inscription n'est qu'une modification insignifiante et très explicable du mot primitif, ογκα, ογγα et ογα. Ainsi, ce culte d'origine orientale a pénétré jusqu'en Poitou, en passant par la Grèce et par Rome.

VIII

DAEA
CARPVNDAE
CASTSSIMA
HORTNDA·LIB·F·

Le cippe de 2 pieds de haut et 15 pouces de large sur lequel est gravée cette inscription se voyait près de l'église Saint-Jean, à Poitiers, en 1747. Il a disparu ; mais dom Fonteneau a recueilli la copie de l'inscription. C'est un ex-voto, probablement un petit autel dédié à la déesse gauloise nommée Carpunda.

Deæ
Carpundæ
castissima
Hortunda libenter fecit.

(Dom Fonteneau, *Recueil d'inscriptions.* — *Mém. des Antiq. de l'Ouest*, t. XXVIII, p. 145, Epigraphie par M. de Longuemar.)

IX

LEPIDAVALENTISF
REGINI VXOR
LEPIDAREGINIFIL
PIETATI

La grande stèle votive sur laquelle est gravée cette inscription fut découverte vers l'an 1800, dans la commune de

Cenon, non loin du vieux Poitiers, dans les ruines d'un petit bâtiment carré. Elle représente un buste de femme placé dans une niche, et un enfant enveloppé d'une chemise serrée au cou et aux jambes, couché horizontalement au-dessous de sa mère. Ces figures sont assez grossièrement sculptées. Ce monument a été donné en 1836, par M. l'abbé Millet, au musée des Antiquaires de l'Ouest. L'inscription est gravée sous les figures.

Lecture : *Lepida Valentis filia Regini uxor; Lepida Regini filia, Pietati.*

Le petit bâtiment où elle fut trouvée était peut-être un sanctuaire élevé par les deux Lépida à la Piété. On en a attribué la date au IV° siècle.

(*Siauve*, p. 102, 103. — *Bull. des Antiq. de l'Ouest*, t. I, p. 369, 372. — L'abbé Lalanne, *Hist. de Châtellerault*, t. I, p. 91, 98. — *Mém. des Antiq. de l'Ouest*, t. XXVIII, p. 148. — *Catalogue de la galerie des Antiquaires de l'Ouest*, p. 9.)

INSCRIPTIONS FUNÉRAIRES

X

CL·VARENILLAE·CL VARENI · COS FLAE
CIVITAS PICTONM FVNVS LOCVM·SATVAM
MONMEN·PVBLCMMCENSOꝚPAVIVSLEG·AVG·PRPR℞O
VNCAQVTAN·COS·DESIGMRTVS HONORE CONTEN VSSVAꝖCPOND CVRAVIT

Lecture : *Claudiæ Varenillæ Claudii Vareni consulis filiæ
civitas Pictonum funus, locum, statuam
monimentum publicum Marcus Censorius Pavius legatus Augusti proprætore pro
vinciæ Aquitaniæ consul designatus, maritus, honore contentus, sua pecunia ponendo curavit.*

Cette magnifique épitaphe, la plus importante des inscriptions romaines du Poitou, est gravée sur un beau bloc rectangulaire de marbre blanc, de 2 m. 34 de longueur sur 0 m. 57 de largeur. Elle se trouvait déposée dans la cathédrale de Poitiers, lorsque les bénédictins dom Martenne et dom Durand la virent et la copièrent, en 1708. Mais ils nous apprennent qu'elle n'y était que depuis peu de temps et qu'elle provenait de l'église voisine, de Saint-Jean, connue sous le nom célèbre, parmi les archéologues, de temple Saint-Jean. Le bloc de marbre qui porte l'inscription n'a pu servir que de linteau de porte. C'est la seule destination originaire qu'on puisse lui assigner. C'était donc le linteau de la porte du mausolée élevé par la cité des Pictons à Varénilla. Or, ce monument, suivant nous, c'est le temple Saint-Jean lui-même, non pas tel qu'il est, bien entendu, mais dégagé de toutes les additions, remaniements, reconstructions, surtout dans les parties supérieures, dont il a été l'objet depuis des siècles, pour le transformer en baptistère et en paroisse. Nous avons donné ailleurs les motifs archéologiques et historiques qui nous ont confirmé dans cette opinion qu'aucune découverte n'a jusqu'à présent ébranlée (*Bull. de la Soc. des Antiq. de l'Ouest*, t. XIII, p. 296 [1]).

On a attribué l'inscription de Varénilla au iiie siècle; mais elle peut tout aussi bien remonter au iie et même au ier.

(1) Le journal de Bobinet, curé de Buxerolles, rapporte qu'au mois de juillet 1703, c'est-à-dire peu de temps avant le passage de dom Martenne et dom Durand, le père Grignon de Montfort, missionnaire, étant à Poitiers, et faisant réparer le pavé et autres parties de l'église Saint-Jean, fit démolir *un ancien monument qui était entre quatre piliers, au milieu de l'église, qu'on croyait être le lieu où on égorgeait les victimes lorsqu'elle était le temple des faux dieux; ce qui en faisait voir l'antiquité et devait pour ce sujet être conservé suivant le sentiment des plus judicieux.* Ne serait-ce point à cette occasion que l'inscription de Varénilla fut enlevée de l'église Saint-Jean et portée tout près de là à la cathédrale? Remarquons aussi cette tradition bien curieuse qui donnait à l'église Saint-Jean une origine païenne.

Si l'on connaissait la date du consulat de Claudius Varénus, il n'y aurait aucun embarras ; mais son nom ne figure pas dans les fastes consulaires. Il faut en conclure qu'il n'a pas été consul ordinaire, mais simplement *consul suffectus*, ou honoraire, comme il y en a eu de si nombreux sous l'Empire. Dès lors, son nom ne peut figurer sur les listes.

Pourrait-on, tout au moins, connaître la date du gouvernement de Marcus Censorinus Pavius, légat d'Auguste, propréteur d'Aquitaine ? M. Ernest Desjardins, qui altère, d'ailleurs, son nom en le désignant par Paulus, au lieu de Pavius, le place sous le règne de Trajan, en se fondant sans doute sur les caractères de l'inscription (*Géogr. hist. de la Gaule romaine*, t. III, p. 253). C'est très admissible, et il faut bien s'en contenter à défaut d'une autre indication historique. La date d'un autre propréteur d'Aquitaine, Marcellus Dentilianus, dont le nom vient d'être révélé par une inscription de Tunisie, a pu être fixée à l'année 165 environ par le contenu du texte (*Bull. arch. du Comité des trav. hist.*, 1886, n° 1, p. 67-69). Il en est de même de Gallus Paccianus, propréteur d'Aquitaine vers l'époque d'Adrien, d'après une inscription de Lyon (le *Temple d'Auguste*, par Bernard, p. 73). Quoique moins précise au point de vue chronologique, l'épitaphe de Varénilla n'en assigne pas moins, d'une manière très probable, au même siècle, l'administration de l'Aquitaine par son mari, le propréteur Marcus Censorius Pavius.

On se demande si le monument public, la statue, les honneurs extraordinaires votés par la cité des Pictons, c'est-à-dire par la curie municipale, s'adressaient bien seulement à la personne de Varénilla. Ce témoignage éclatant de respect, rendu à la mémoire d'une femme qui pouvait être illustre, avait plutôt pour but de reconnaître des services rendus à la cité par son père, le consul Varénus, qui devait être d'origine poitevine, puisque le mausolée de sa fille y a été érigé. La ressemblance de nom a fait supposer que ce Varénus pouvait descendre du centurion L. Varénus, dont César célèbre le courage dans ses Commentaires de la guerre des Gaules (liv. V, chap. XLIV). On peut admettre aussi que la cité a eu pour but principal de plaire au propréteur de la province, le puissant époux de Varénilla. C'est, en effet, ce que laisse croire un passage de l'inscription. Pavius, satisfait de l'honneur que lui font les Poitevins à l'occasion de la mort de son épouse, déclare qu'il veut construire le mausolée à ses frais. Pavius n'était point leur concitoyen, car il n'aurait pu exercer ses fonctions de propréteur dans son pays. C'est donc la famille de sa femme qui, très probablement, était de Poitiers où, pour ce motif, elle fut ensevelie. On pourrait découvrir un autre motif dans la résidence à Poitiers du propréteur d'Aquitaine, et ce serait là un point bien intéressant à élucider. Mais la présence du mausolée ne suffit pas pour laisser croire que cette ville aurait eu la préséance sur d'autres cités plus importantes de la province, telles que Bourges et Bordeaux.

(*Voyage littéraire de deux bénédictins*, 1717, t. Ier, p. 9. — Orelli, *Inscript. latin. ampl. coll.*, t. Ier, n° 189. — *Mém. de la Soc. des Ant. de l'Ouest*, t. Ier, 195; XXVIII, 146; XXX, 474. — *Bull. des Antiq. de l'Ouest*, t. Ier, 497; XI, 338. — Siauve, *Mém. sur les Antiq. du Poit.* — Dufour, *De l'ancien Poitou et de sa capitale. — Catal. de la gal. lapid. des Antiq. de l'Ouest*, p. 5, 6.)

XI

D.M. ⊐ M
GF SABINI CAM
PANITEANENSIS
EQRHARVSPICI
SVITEMPORISSIN
GVLARIQVANLVIII
MVDVGFSABINIA
NVSFILPATRIRARIS
SIMOETAMANTIS
SIMOSICSIBIFIERI
ANTEQVAMDECE
DITREBUSVMANIS
IPSEMANDAVIT

Le grand cippe qui porte cette belle et intéressante inscription a été découvert, en 1840, dans les fondations de l'enceinte romaine de Poitiers, dans le jardin des Filles-de-la-Croix, rue des Gaillards. Il fait partie de la galerie lapidaire du Musée des Antiquaires de l'Ouest.

Lecture : *Dis manibus et memoriæ Gaii Fabii Sabini Campani Teanensis equitis romani, haruspici sui temporis singulari, qui vixit annos LVIII, menses V, dies V. Gaius Fabius Sabinianus filius patri rarissimo et amantissimo, sic sibi fieri antequam decedit rebus umanis ipse mandavit.*

On peut certainement attribuer ce monument au II° siècle.
Il n'y aurait même aucune témérité à le faire remonter
au Ier.

> (*Bull. des Antiq. de l'Ouest*, 1840, p. 115. — *Mém. des Antiq.
> de l'Ouest*, t. VIII, 121 ; t. XXVIII, 141. *Épigr. du haut
> Poitou;* t. XXXV, 188. *Enceinte romaine de Poitiers.*
> — *Catalogue de la galerie lapidaire des Antiq. de l'Ouest*,
> p. 7.)

XII

AVE   D   M
ET MEMORIAE
IVLIAE MAXIMIL
LAE
CONIVGIKARISSIMAE
ANIMAE BONAE
QVAEVIXITANNISPMXXXX
EXVNA DOMV·L·IVL
FRONTONIS CAVARIANI
IVL·BASILEVS·MARITVS
POSVIT

Le grand cippe sur lequel est gravée cette épitaphe a été
extrait, en 1871, des fondations de l'enceinte romaine de
Poitiers, rue du Pigeon-Blanc, et déposé au Musée de la
Société des Antiquaires.

Lecture : *Ave, Dis manibus et memoriæ Juliæ Maximillæ, conjugi carissimæ, animæ bonæ, quæ vixit annis plus minus XXXX, ex una domu Lucii Julii Frontonis Cavariani, Julius Basileus maritus posuit.*

Un dessin, gravé à la partie supérieure de l'inscription, au milieu même des mots qui la composent, représente un petit miroir rond dans lequel apparaît un visage de femme. Au-dessous de l'inscription est gravé l'ascia, symbole de la consécration du tombeau. La forme négligée des caractères semble lui assigner pour date le III° siècle.

On remarquera que Lucius Julius Fronton, à la famille duquel (ex una domu) appartenait la défunte Maximilla, était originaire de Cavaillon (Cavariani). Or, on a trouvé dans la même région, à Aoste (Augustum), dans l'Isère, l'épitaphe d'un Lucius Julius Fronton, préfet de cavalerie (præfectus equitum), qui est peut-être le même que celui de notre inscription.

(*Enceinte gallo-romaine de Poitiers*, par B. Ledain, ap. *Mém. des Antiq. de l'Ouest*, t. XXXV, p. 193. — *Catalogue de la galerie lapidaire*, par B. Ledain, p. 6.)

XIII

AL^{P}H^{I}AE·FAVEN
TINAE·FIL·CATI
LIA·ET FAVENTI
VS·$\overline{XX}$·LIB·VILC

Le cippe sur lequel est gravée cette épitaphe a été extrait, en 1871, des fondations de l'enceinte romaine de Poitiers et déposé au Musée de la Société des Antiquaires de l'Ouest.

Lecture : *Alphiæ Faventinæ filiæ Catilia et Faventius vicesimæ libertatis vilicus.*

C'est-à-dire : A Alphia Faventina, leur fille, Catilia et Faventius, fermier de l'impôt du vingtième sur l'affranchissement des esclaves.

M. de la Ménardière a retracé l'histoire et expliqué la nature de cet impôt. Les textes qu'il invoque lui ont fait penser que notre inscription ne pouvait pas remonter au delà de l'année 217.

(*Enceinte gallo-romaine de Poitiers*, par B. Ledain, ap. *Mém. des Antiq. de l'Ouest*, t. XXXV, p. 192, et de l'*Impôt du vingtième*, par M. de la Ménardière, ap. *Mém. des Antiq. de l'Ouest*, t. XXXV, p. 225. — *Catalogue de la galerie lapidaire des Antiq. de l'Ouest*, p. 8.)

XIV

M

..... RONI·VIVƎ̃NIS DIORA

.... NOFILIOPERSICIVI

.... S VIVES DE SVO CONSA

CRAVIT

Cette inscription est gravée sur une grande pierre rectangulaire, engagée dans les fondations de l'enceinte gallo-romaine de Poitiers, dans la cave de la maison n° 3 de la rue des Carolus. Elle est encadrée d'une moulure. La partie gauche était déjà brisée lors du placement de ce monument dans la muraille. Un petit génie est sculpté sur le côté droit.

On pourrait peut-être la restituer de la manière suivante :

Dis Manibus
Petroni Viventis Diorani Petrono filio Persici Viventis Vivens de suo consacravit.

Ou bien encore : *Petroni Viventis Diorano Petrono filio Persi civi (Caius) Vivens de suo consacravit.*

(Siauve, *Antiq. du Poitou*, p. 170. — Dufour, *De l'ancien Poitou*, p. 358. — *Mém. des Antiq. de l'Ouest*, t. I, p. 55 ; t. XXVIII, p. 142. *Épigr. du Poitou*, par de Longuemar ; t. XXXV, p. 198. *Enceinte gallo-romaine de Poitiers*, par Ledain. — *Catalogue de la galerie lapidaire des Antiquaires de l'Ouest*, qui possède un moulage de l'inscription.)

XV

IIVΓIB · DVVVI
IAISƎ LEPIDI

Cette épitaphe est gravée sur un cippe découvert en 1868, rue du Collège, lors des nouvelles constructions du Lycée, et déposé au musée des Antiquaires de l'Ouest. Ce petit monument provient sans nul doute des fondations de l'enceinte romaine de Poitiers qui passait sur ce point. Il représente un homme drapé dans une niche entre deux pilastres. Mais il est très mutilé, et la partie gauche des deux premières lignes de l'inscription gravée sur le fronton a disparu. La lecture n'en est pas facile. La dernière ligne donne, d'une manière certaine, deux noms, IALIS ET LEPIDI. Dans la deuxième ligne, on constate la mention d'un duumvir, probablement le défunt. C'est là un document intéressant qui apporte la preuve de l'existence, d'ailleurs indubitable, à Poitiers, dans les temps romains, d'une curie municipale avec ses magistrats appelés duumvirs.

>(*Mém. des Ant. de l'Ouest*, t. XXXV, p. 174 et pl. XVII. *Enceinte romaine de Poitiers*, par B. Ledain. Le texte de l'inscription n'y est pas établi d'une manière suffisamment exacte. — *Catalogue de la galerie lapidaire des Antiquaires de l'Ouest*, p. 11.)

XVI

CAVARIA

COROBILKA

CAVARIE·AS......

SCKEPIPATE......

NESVE POSV.......

..... NTISSIMI.......

Cette épitaphe est gravée sur une pierre encastrée dans l'enceinte romaine de Poitiers, rue du Pigeon-Blanc. Le musée des Antiquaires de l'Ouest en possède un moulage.

Restitution proposée :

>*Cavaria*
>*Corobilla*
>*Cavarie Asclepie*
>*Asclepi patro*
>*Ne sue posuit*
>*Amantissime*

On remarquera la ressemblance de nom entre celui de Cavaria et celui de Fronton le Cavarien (cavariani), inscrit sur le cippe de Maximilla, découvert au même lieu. La forme négligée des lettres, et surtout des L, est comparable dans les deux inscriptions. Ces motifs semblent suffisants pour les attribuer à la même époque, c'est-à-dire au III° siècle. (*Enceinte romaine de Poitiers*, ap. *Mém. des Antiq. de l'Ouest*, t. XXXV. — *Catalogue de la galerie lapidaire des Antiquaires de l'Ouest*, p. 10.)

XVII

DM·ETM·LIC·
SENODONNAE·LIC·
PATERNVS·MO·SIBI·ET·
SVIS·VIVM·PARAVIT·

Dom Fonteneau, dans son Recueil d'inscriptions, nous apprend que cette épitaphe était autrefois enchâssée dans les murs de ville de Poitiers, qu'elle fut enlevée par dom Mazet et qu'elle se voit aujourd'hui à Saint-Cyprien. Il ajoute qu'elle fut collationnée sur l'original le 6 juin 1783. Cet original n'existe plus ou est perdu, et l'inscription a été publiée par M. de Longuemar, d'après la copie de dom Fonteneau. (*Mém. des Antiq. de l'Ouest*, t. XXVIII, p. 143.) (Voir aussi t. XXXV, p. 168.)

Lecture :

Dis manibus et memoriæ Liciniæ
Senodonnæ Licinius
Paternus monumentum sibi et
Suis vvumi paravit.

Le nom de *Senodonna* est considéré comme étant d'origine gauloise.

XVIII

```
        D           M
   L CAECILIVS ATARNIVS
   P CAE FIL VIAMPOSITVS
   CVRAVERWT PECVNIA SVA
          PRO LVDIS
```

Le cippe sur lequel est gravée cette épitaphe se voyait aux environs de l'église Saint-Jean, à Poitiers, en 1747. Il a disparu, mais dom Fontenau en a recueilli l'inscription, publiée depuis par M. de Longuemar, qui ne nous semble pas l'avoir comprise d'une façon très nette (*Mémoires des Antiq. de l'Ouest*, t. XXVIII, p. 145).

L'expression finale *pro ludis* donne la raison de l'érection du monument funèbre. C'est en reconnaisance des jeux publics donnés au peuple par Atarinius que le monument lui est dédié. On trouve dans Wilmanns plusieurs exemples de semblables épitaphes rappelant avec éloge les jeux, combats de gladiateurs, munificences et largesses de toutes sortes donnés par le défunt au profit du public ou d'une corporation (*Exempla inscript. latin.*, t, II, n°ˢ 663, 1772, 1810, 2009, 2040, 2054, 2057, 2068, 2080, 2216, 2367, 2384).

L'expression *viam positus* doit signifier que le tombeau d'Atarinius était situé sur le bord d'une voie.

> *Dis Manibus*
> *Lucius Cœcilius Atarinius,*
> *Publii Cœcilii filius viam positus*
> *Curaverunt pecunia sua*
> *Proludis.*

28 ÉPIGRAPHIE ROMAINE

Il semble qu'il y ait dans ce texte, dont l'original est perdu, une lacune d'une ligne où devaient être inscrits les noms de ceux qui élevèrent le monument à leurs frais en reconnaissance des jeux.

XIX

D·M·
OPPIDIO
COSSA·I·
F·OPP·
OPPIDIA
COSSA·E·
FL·PRE·
MIL·PO·
SIG·IR·
OPPID·
COSSIVS
POSVIT
DP·Σ·

Cette inscription, dessinée par Beaumesnil, était gravée, suivant son témoignage, sur un cube de marbre blanc qu'il avait vu à Poitiers. Quatre petits personnages étaient sculptés près de l'inscription. L'exactitude de la copie peut être mise en doute, comme toutes celles laissées par ce chercheur, qui a rendu, malgré tout, des services réels. Aussi ne cherchons-nous pas à en donner une lecture, qui serait douteuse comme la copie ; mais nous ne voyons pas de motif d'en suspecter l'authenticité. L'inscription mentionne un *praefectus militum* qui différait, on le sait, du *praefectus legionis*, car, au IV° siècle, la préfecture était une subdivision de la légion. Cette particularité en fixerait la date. (Manuscrits de Beaumesnil à la Bibl. de Poitiers.)

XX

D
C·VAR...
SANT...
MED...

Ce fragment d'épitaphe fut découvert en 1839 dans une maison de la rue Saint-Savin, à Poitiers. On y a lu *Caius Varenus*, qui rappelle le nom de la célèbre inscription de *Varenilla* et laisserait facilement supposer qu'il est un membre de la même famille. On a interprété les deux autres mots par *Mediolanum Santonum*, la ville de Saintes. (*Bull. de la Soc. des Antiq. de l'Ouest*, 1ᵉʳ trim. 1839, p. 7.)

XXI

......,CAB IIVE.....
......VII·LATINA·MC.....
......VNI·PS·VR.....

Ce fragment d'inscription a été découvert, en 1868, rue du Collège, à Poitiers, lors des nouvelles constructions du

Lycée. On n'y lit d'une manière certaine que le nom de *Latina*.

(*Bull. des Antiq. de l'Ouest*, 2ᵉ trim. 1870. — *Mém. des Antiq. de l'Ouest*, t. XXXV, p. 174. — *Catalogue de la galerie lapidaire*, p. 13.)

XXII

DIS MAN
GICEKAVı
ıGATVIVı

Ce petit cippe a été exhumé, en 1874, du sol de l'église de Saint-Hilaire-le-Grand de Poitiers. L'inscription, gravée en caractères très rustiques, est incomplète et assez peu intelligible. Elle est conservée au musée de la ville.

(*Bull. des Antiq. de l'Ouest* t. XII p. 397, pl. II. — *Catalogue du musée de Poitiers*, par M. Amédée Brouillet, t. II, p. 300.)

XXIII

.....ANEXTLO
.....INBELGIO
.....SOROR^{1}S·F
.....NEXTLIPATR^{1}S

Cette inscription, gravée sur un bloc de pierre de forte dimension, a été découverte à Saint-Pierre-les-Églises, près de Chauvigny. Elle est conservée au musée des Antiquaires de l'Ouest. Le cadre où elle est gravée est accompagné, à droite et à gauche, d'un pilastre cannelé, couronné de son chapiteau ; toute la partie de gauche manque. La beauté des caractères et le style des sculptures permettrait de faire remonter le monument au 1ᵉʳ siècle. M. Mowat a fait remarquer la mention très rare du pays appelé *Belgium* dans César et qui diffère de la *Gallia Belgica*. Le même nom propre gaulois *Anextlus* figure sur une inscription du musée du Mans.

(*Bull. des Antiq. de l'Ouest*, 2ᵉ série, t. Iᵉʳ, p. 499, et pl. II. — *Catalogue de la galerie lapidaire des Antiq. de l'Ouest*, p. 10.)

XXIV

REGALI·COINITI·I......
ANNOR·XX·HIC·SITV......
ET·CINTVGENVS·DECV......
NIS·COI... CRATRI............

Cette épitaphe a été découverte, en 1885, par le P. de la Croix, dans le cimetière antique d'Antigny. Elle est déposée au *Musée des Antiquaires de l'Ouest*.

(*Bull. des Antiq. de l'Ouest*, 4ᵉ trim. 1885.)

Lecture : *Regali Coiniti*..............
Annorum XX hic situs est........
Et Cintugenus decurio............
Nis Coinitus patri..................,........

Cintugenus est un nom gaulois qu'on retrouve dans une inscription romaine de Saintes, *sacerdos Cintugenus*, et dans une autre de Bordeaux, *mater Cintugena* (*Recherches sur la*

Saintonge, par Bourignon, p. 53, 54. — *Épigraphie santone*, par Audiat, p. 65). Ils étaient peut-être de la même famille. Le titre de décurion porté par notre Cintugénus démontre la position notable qu'il occupait dans le pays. Il y avait des décurions pour toutes sortes de fonctions civiles ou militaires, Mais dans notre inscription, le titre de *Decurio* doit signifier que Cintugénus faisait partie d'un *ordo*, d'une *curia* municipale, et l'on sait qu'il en existait jusque dans les simples *pagi* et *vici*. (*Dict. des Antiquités*, par Daremberg et Saglio, mot *decurio*.)

Cette épitaphe, dont les caractères sont assez beaux, doit bien remonter au moins au IIIe siècle.

XXV

.....SABINI.....
.....LVIFILI.....
.....A·XXVII.....

Ce fragment d'épitaphe provient du cimetière d'Antigny où il a été découvert par le P. de la Croix. Tout ce que l'on peut y deviner, c'est qu'il s'agit d'un Sabinus, décédé à l'âge de 27 ans. On l'a déposé au Musée des Antiq. de l'Ouest. (*Bull. des Antiq. de l'Ouest*, 4e trim. 1885, p. 600.)

XXVI

MATIIRNVS

Ce nom seul, *Maternus*, constitue toute l'épitaphe découverte par le P. de la Croix dans le cimetière d'Antigny, et déposée au musée des Antiq. de l'Ouest. Il est gravé sur la plate-bande supérieure de l'encadrement dont le centre est demeuré vide. Le même nom se remarque sur beaucoup de poteries rouges recueillies en Poitou.

XXVII

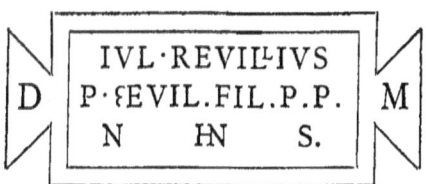

Lecture : *Dis Manibus. Iulius Revillius, Publii Revillii filius, patri posuit. ne heredem sequatur*.

Cette inscription était gravée sur un marbre long de 4 pieds 9 pouces, haut de 8 pouces, découvert sous les fondations d'une maison de la rue de la Tranchée, à Poitiers, lors de l'établissement de la promenade publique formée en 1770, sur l'emplacement du clos des Gilliers, par M. de Blossac, intendant de la province. Le cartouche qui contient l'inscription était accompagné, à droite et à gauche, de sculptures représentant d'un côté un *aspersorium* et un *simpulum*, de l'autre côté un *prefericulum* et une patère. L'original, qui a disparu, avait été dessiné par Beaumesnil, puis a été publié par Thiollet. (*Antiquités du haut Poitou*), p. 18 et pl. V. Paris, 1823.)

XXVIII

MPHILII·PO
AMPHL̅VS FIL̅
ISCANIVS LB̊.
\E MERE̅N̅I
PIE̅N̅ISSM̅O·P

Cette inscription était gravée sur un fragment de pierre découvert aux Gilliers de Poitiers, lors de l'établissement de la promenade par M. de Blossac, en 1770. L'original a disparu. Beaumesnil l'avait dessinée. Thiollet l'a publiée, p. 18, pl. 5 (*Antiquités du haut Poitou*). M. de Longuemar l'a aussi publiée dans l'*Épigraphie du haut Poitou* (*Mém. de la Soc. des Antiq. de l'Ouest*, t. XXVIII p. 144).

Lecture : (*Dis manibus*) *Pamphilii Potiti Pamphilus filius et Viscanius libertus bene merenti pientissimo posuerunt.*

XXIX

DM
FORTIONI O
; VARIFELICIS
HPTO

Cette inscription était gravée sur un fragment de tombeau en pierre d'un pied 8 pouces de long sur 11 pouces de large et 8 d'épaisseur trouvé à Blossac, lors de la création du parc, en avril 1752.

Dom Fonteneau remarque que cette pierre faisait partie de la voûte d'un aqueduc romain qui traversait le champ funéraire des Gilliers, du côté de l'Occident. (D. Fonteneau, Recueil d'inscriptions, et t. LXXVIII, p. 331.)

La formule finale peut se lire : *heres ponendum tumulum curavit*, ou : *hic posuit tua ossa*, ou : *heres posuit tua ossa*. La reproduction de cette inscription, dont l'original a disparu, n'est peut-être pas d'une rigoureuse exactitude.

L'aqueduc dont parle dom Fonteneau et où la pierre aurait été employée est connu. C'est celui qui amène l'eau du Cimau par les arcs de l'Hermitage. Il traversait le parc de Blossac parallèlement à la rue de la Tranchée. Cela tendrait à prouver que sa construction est postérieure à l'établissement du cimetière romain des Gilliers, puisque l'on y a employé une épitaphe qui devait en provenir.

XXX

CINIPIIIS

Cette inscription, répétée sur douze monuments différents, ressemble plutôt à des graffites et a partout évidemment la même signification. On les trouve gravées, la 1re sur une stèle ; la 2e sur une urne ou boîte ronde, grossière, en pierre ; la 3e, la 4e, la 5e, la 6e, sur la tranche de fragments de pierre rectangulaires ; la 7e sur le fronton rond d'une porte d'un petit édicule en pierre ; la 8e et la 9e, sur les bords supérieur et inférieur d'un grand sarcophage rectangulaire. Tous ces monuments, aujourd'hui disparus, ont été découverts dans le champ funéraire romain des Gilliers en 1770, dessinés par Beaumesnil et publiés par Thiollet. (*Antiquités du haut Poitou*, p. 18, et pl. 5 et 6.)

Les 10°, 11° et 12° étaient gravées sur un marbre de 7 pieds de long et sur des pierres de 3 pieds et demi de long, découverts en 1754 sous l'église Saint-Michel de Poitiers et l'ancien mur romain qui passait sur ce point, à quatre pieds de profondeur. (Dom Fonteneau, Recueil d'inscriptions.) Les originaux ont également disparu.

L'interprétation de ces incriptions n'est pas facile. C'est le même mot reproduit sous différentes variétés. Ce n'est point un nom d'homme. Thiollet le considère, non sans raison peut-être, comme une formule générale et est tenté d'y lire *cinerius, cineritius*. Il semblerait, en effet, qu'on pourrait, non pas y lire, mais y trouver la signification de *cinerarium*, synonyme de *columbarium*. Voici ce que dit Anthony Rich au mot *cinerarium* : Niche dans une tombe où l'on pouvait placer une grande urne cinéraire ou un sarcophage, par opposition au *columbarium* qui était de dimensions plus petites et fait seulement pour recevoir deux pots, *ollæ*. (*Dict. des Antiq. grecques et romaines*, p. 152.) Cette désignation conviendrait assez bien aux monuments sur lesquels ont été gravées ces singulières inscriptions très probablement reproduites d'une manière imparfaite.

Le mot *cinerarium* est employé dans une inscription funéraire de Rome, de la fin du II° siècle, de la manière suivante : *cineraria numero* IIII, pour indiquer le nombre d'urnes cinéraires contenues dans le monument. (*Exempla inscriptionum latinarum*, par Wilmanns, t. Ier, p. 97, n° 310. — Orelli n° 4358.) On pourrait peut-être trouver la même intention dans le mot gravé plusieurs fois sur les monuments de Poitiers, indiqués ci-dessus, mais dont la lecture est si incertaine.

XXXI

```
          M
NTI    N     AE
   PTIQLV
```

Ce fragment d'épitaphe a été découvert par le Père de la Croix lors de la célèbre exploration qu'il a faite de la nécropole antique de Poitiers, située sur le plateau des Dunes. Nous l'avons copié au moment même de la découverte. L'original, transporté assez longtemps après au musée des Antiquaires de l'Ouest, n'est plus aussi complet. La partie droite inférieure a disparu.

XXXII

ELIAE CL
T D

Ce débris d'épitaphe a été trouvé par le Père de la Croix au cimetière romain des Dunes de Poitiers. Quoiqu'il soit encore plus insignifiant que le précédent, nous n'avons pas cru devoir les omettre, afin d'être complet et aussi parce qu'ils sont les seuls que nous ait fournis ce vaste champ des morts, si riche en vases de terre et de verre. Les objets recueillis dans les fouilles exécutées par le Père de la Croix ont été déposés au musée de la Société des Antiquaires de l'Ouest. Ceux découverts par M. Rothmann, commandant du génie, ont été envoyés au musée de Cluny, à Paris.

XXXIII

CRVFINIO
IVL ADLVC
HER

Cette épitaphe a été découverte près des ruines d'une importante villa romaine, située à Mazerolle, commune de Périgné, sur les bords de la Belle (Deux-Sèvres). Les fouilles de 1857 ont mis au jour de grandes salles pavées de mosaïques et des débris de toutes sortes.

Lecture : *Caio Rufinio*
Julius ad luctum
Heres.

(*Mém. de la Soc. de statist. des Deux-Sèvres*, t. XX, p. 51, 74, et t. I, 2ᵉ série, p. 33 et suiv. — *Mém. des Antiq. de l'Ouest*, t. XXVIII, p. 150.)

XXXIV

QVINTVS IVLIVS
Q F TER CETRVS
DOMO ARELAT MILES
LEG XVIII VOL
H S E

Cette épitaphe était gravée en beaux caractères romains sur une pierre longue, placée à la fin du dernier siècle dans le pavé de la cour du prieuré de Brioux. (Bourignon, Lettre sur Poitiers à la suite de sa *Dissertation sur le vieux Poitiers*, 1786, p. 47. — Bourignon, *Recherches sur les antiquités de la Saintonge*, an IX, p. 301. — Dufour, *De l'ancien Poitou*, p. 167.— *Monuments des Deux-Sèvres*, par Baugier et Arnaud, 1843, p. 34. — *Epigraphie santone*, par L. Audiat, 1871, p. 54. — Affiches du Poitou, 1773, p. 94.)

Voici la lecture qui en a été donnée :

Quintus Julius Quinti filius Terentina (tribu) *Cetrus domo Arelatensis miles legionis XVIII voluntarius. Hic situs est.*

Le mot *cetrus* est-il bien un nom propre? M. Audiat en doutait, non sans raison. Bourignon fait observer qu'il pourrait bien venir de *cetra*, mot celte, qui signifierait petit bouclier. Les notes recueillies par Böcking, à la suite de son édition savante de la *Notitia dignitatum*, contiennent des renseignements curieux à cet égard : CETRA, *scutum loreum, quo utuntur Afri et Hispani.* CETRA, *scutum loreum si e ligno, quo utuntur Afri et Mauri.* CETRATOS *quos peltastas vocant* (t. II, p. 241). Parmi les corps de troupes romaines énumérés dans la Notice, on trouve les *Mauri cetrati* parmi les légions placées sous les ordres du maître de l'infanterie (II, p. 26); les *equites cetrati seniores* et les *equites cetrati juniores*, sous les ordres du maître de la cavalerie (II, 32). Les premiers étaient alors cantonnés en Illyrie et les autres en Afrique (II, p. 35, 40).

Ne serait-il point permis de conclure que Quintus Julius était surnommé *Cetrus* parce qu'il était armé de ce genre de bouclier, et parce que la 18ᵉ légion, à laquelle il appartenait, en était pourvue toute entière, comme celle des *Mauri cetrati?*

Cette inscription soulève une question historique intéressante. Pour quel motif et à quelle époque la 18ᵉ légion est-elle venue à Brioux? Il ne paraît pas possible d'y répondre pour le moment; mais le fait demeure acquis et indubitable. Une remarque trouve ici naturellement sa place. M. de Boissieu a observé qu'on ne rencontre pas, du moins à Lyon, d'inscriptions se rapportant à la 18ᵉ légion, parce qu'elle est une des trois qui furent détruites avec Varus dans la Germanie. (*Inscriptions de Lyon*, p. 327.) Faut-il en conclure que cette légion est venue en Poitou avant ce célèbre désastre, qui date de l'an 9 après Jésus-Christ? Une réponse affirmative ne serait peut-être pas téméraire.

XXXV

L. FVRIVS. L. F. ANI
CREM. MILES. LEG.
XIIII C▬▬▬▬▬▬▬

Cette épitaphe a été découverte, en 1885, en Saintonge, derrière l'église d'Aunay, bourg voisin de Brioux. Quoiqu'elle n'ait pas été trouvée en Poitou, il est très intéressant de la rapprocher de celle du soldat Quintus Julius, enseveli à Brioux.

Sa lecture est facile : *Lucius Furius Lucii filius aniensis* (tribu) *Cremonœ, miles legionis XIIII geminœ*..... Dom Fonteneau avait vu autrefois cette inscription sans la comprendre. (*Bull. de la Soc. des Archives historiques de la Saintonge*, 1885, 4ᵉ livr., p. 184.)

XXXVI

L·AVTIVS·LF
ANI·FOR·IVLI
MIL LEG·XIIII
GEM ANNO
XXXV STIP XV
H·S·E

Il est indispensable de joindre aux deux épitaphes précédentes celle d'un nouveau soldat, Autius, découverte également à Aunay, en 1859, sous le pavé de l'église, et conservée au musée de Saintes (*Épigraphie Santone*, par M. Audiat, p. 47. — *Revue Poitevine et Saintongeoise*, I, 338.— *Bull. de la Soc. des arch. hist. de la Saintonge*, 1885, p. 185.)

La lecture suivante est certaine : *Lucius Autius Lucii filius aniensi* (tribu) *Foro Julii, miles legionis XIIII geminæ annorum XXXV, stipendiorum XV. Hic situs est.*

Ainsi, voilà deux soldats de la 14° légion, Lucius Autius, de Fréjus, et Lucius Furius, de Crémone, et un autre soldat de la 18° légion, Quintus Julius, d'Arles, ensevelis dans deux localités très voisines, Aunay et Brioux, situées sur les limites du Poitou et de la Saintonge. Leurs épitaphes à peu près contemporaines laissent supposer nécessairement un événement historique oublié. M. Audiat a fait remarquer que César avait avec lui la 14° légion lors de la conquête de la Gaule. Elle tint garnison à Mayence, Vienne en Autriche, etc., et en Pannonie, au III° siècle. Il importe de rechercher les motifs qui ont conduit deux légions dans ce pays, soit simultanément, soit successivement. On peut supposer quelque révolte, un réveil momentané du sentiment national; mais il est malheureusement douteux qu'on puisse rencontrer un indice certain. Toutefois, il ne faut pas oublier que l'Aquitaine se souleva deux fois sous Auguste et qu'elle fut vaincue d'abord par Agrippa, en l'an 37 avant J.-C., puis par Messala Corvinus, en l'an 29. (Am. Thierry, *Hist. des Gaulois*, t. III, p. 240, 241, d'après Appien et Dion Cassius.) Le passage et le séjour des 14° et 18° légions en Poitou et en Saintonge peut donc fort bien se rapporter à ces deux campagnes.

XXXVII

VERPANT
ROMVLVS.L.

Cette inscription est gravée au-dessus de la porte d'un petit mausolée de 2 m. 52 sur 2 m. 44, fouillé au Langon, en 1858, par M. Fillon. Elle est aujourd'hui déposée au Musée de la Vendée. Le savant antiquaire considère ce tombeau comme étant celui d'un martyr de la fin du III° siècle, à cause de la palmette précédant le nom de Verpant et du style des débris du monument. (*Poitou et Vendée*, le Langon, p. 6, 7, par Benj. Fillon.)

XXXVIII

CARINAE CONIVGI QVE VI
IT ANNOS XXVII T·VALERIVS

Cette épitaphe est gravée sur une petite lame de plomb, déposée dans une urne cinéraire romaine, découverte au

milieu d'autres sépultures, près du Langon (Vendée).
M. Fillon l'attribue au III° siècle. (*Poitou et Vendée*, le Langon, p. 5, par Benj, Fillon. — *Mém. des Antiq. de l'Ouest*, t. XXVIII, p. 150.)

XL

AETERNALIS
ET SERVILLA
VIVATIS INDEO

Cette épitaphe est gravée sur une pierre incrustée dans le mur de l'abside de l'église de Civaux. Le chrisme, accompagné de l'A et Ω, est gravé immédiatement au-dessus de la première ligne, dans le même encadrement. Elle est donc bien certainement chrétienne. L'abside de l'église de Civaux, construite en petit appareil, est très ancienne. Un vaste et antique cimetière depuis longtemps dévasté l'entourait de toutes parts. On y a trouvé beaucoup de tombeaux gallo-romains dont plusieurs ont été décrits par le P. Routh et par Siauve. Le P. de la Croix, qui a étudié en dernier lieu les sarcophages de Civaux, a fait observer avec juste raison qu'il fallait lire SERVILLA et non SERVILIA, comme on l'avait fait jusqu'à présent. Le moulage de l'inscription exécuté par ses soins a été déposé au musée Mérovingien de la Société des Antiq. de l'Ouest, au temple Saint-Jean. (*Cimet. et sarcoph. mérov. du Poitou*, ap. Bull. du Com. des trav. hist., n° 3, 1886.)

M. l'abbé Auber fait remonter l'épitaphe d'*Æternalis* et *Servilia* au II° siècle. Mais ses caractères rustiques et la présence du chrisme paraissent devoir en fixer l'origine au IV° siècle seulement.

(*Bulletin de la Soc. des Antiq. de l'Ouest*, 3° trim. 1862. — *Mém. des Antiq. de l'Ouest*, t. XXVIII, p. 160 et pl. — *Inscriptions chrétiennes de la Gaule* par Le Blant, t. II, p. 356.)

XLI

VLFINO
QVOD.....

Cette brève épitaphe est gravée en caractères rustiques sur le couvercle plat d'un sarcophage, orné d'une croix à trois traverses, existant dans le cimetière antique de Civaux. Elle peut être datée du v° siècle. (Le Blant, *Inscr. chrét.* t. II, p. 358. — Le P. de la Croix, *Cimetières mérovingiens du Poitou*, ap. Bull. archéol. du Com. des trav. hist., 1886, p. 281. — Le P. Routh. — Siauve. — *Bull. monum.*, t. XXIII, 265.) Il existe d'autres épitaphes chrétiennes sur les tombeaux de Civaux, telles que : MARIA, PIENTIA, AMADA, SANCTA, gravées en caractères grossiers. Mais elles ne datent probablement que du vi° siècle. (Idem.)

XLII

RECESSIO VALENTIONI
XIKEIVNIAS

La pierre rectangulaire sur laquelle est gravée cette inscription a été découverte, en 1870, dans le sol de l'église de

Saint-Hilaire-le-Grand, de Poitiers, où elle a été malheureusement enfouie de nouveau sous le pavé. M. de Longuemar l'avait dessinée et l'attribuait au ıx° siècle. Les caractères sont très rustiques.

C'est évidemment une épitaphe chrétienne. Mais nous pensons qu'elle remonte à la dernière période gallo-romaine, au v° siècle.

(*Bull. des Antiq. de l'Ouest*, t. XII, p. 396, et pl. II.)

XLIII

IE R QVIESCIT NECTĀRIVS ĀNTITES

Cette épitaphe de Nectaire, premier évêque connu de Poitiers, est gravée sur une pierre employée naguère dans la maçonnerie au-dessus de la porte de l'ancienne chapelle aujourd'hui détruite de Saint-Barthélemy, dans le bourg de Saint-Hilaire-le-Grand, de Poitiers. Elle est conservée au Musée des Antiq. de l'Ouest. Dom Chamard, s'appuyant de l'opinion du savant M. de Rossi, l'attribue au v° siècle. (*Mém. des Antiq. de l'Ouest*, t. XXXVII, p. 80, 81.) Cependant l'abbé Duchesne l'a contesté en la reportant au ıx° siècle seulement (*Revue Poitevine*, 1886, n° 31, p. 200). Sans affirmer la première date, qui semble si probable d'après les motifs donnés par M. de Rossi, la seconde paraît vraiment trop basse. (*Mém. des Antiq. de l'Ouest*, t. XXVIII, p. 163, *Epigraphie du Poitou*, par de Longuemar. — *Catalogue de la galerie lapidaire des Antiq. de l'Ouest*, p. 14.)

XLIV

NESTOR
IN PACE

Cette épitaphe chrétienne a été découverte à Anson, commune de St-Cyr en Talmondois (Vendée). Elle est gravée sur une pierre calcaire ornée du chrisme au milieu de la seconde ligne et d'une croix au-dessus de l'inscription. M. Fillon l'attribue au ve siècle. (*Arch. historiques du Poitou*, t. Ier, p. 297.)

XLV

IN HOC TVMOLO
QVIESCIT BONE
MEMORIE IOVINVS
QVI VIXIT ANNOS
XXXVI OBIIT IN PA
CE X.... SE (ptembris)
TITVLVM POSVIT
VXOR POLA

Cette épitaphe chrétienne a été trouvée à Gaillardon (Vendée) en 1804. Au-dessous est gravé le chrisme entre deux colombes. MM. Fillon et Le Blant en fixent la date à la seconde moitié du ve siècle. (*Poitou et Vendée*, par Benj. Fil-

lon, p. 14.—*Inscript. chrét. de la Gaule*, par Le Blant, t. II,
p. 355. — *Mém. des Antiq. de l'Ouest*, t. XXVIII, p. 162.)

XLVI

IN . HOC . TVMVLO . BONE . MEMOR
IE . MARINIANVS . MONVCHVS .
QVI . VIXIT . ANNVS . LXXIII . TIT
VLV . POSVIT . GENEROSVS

Cette épitaphe chrétienne a été découverte en 1798,
à Exoudun (Deux-Sèvres). M. Le Blant la considère comme
datant de la fin du v° siècle. (*Inscript. chrét. de la Gaule*, t. II,
p. 359.— *L'Art de terre*, par Fillon, p. 31.)

INSCRIPTIONS MONUMENTALES

XLVII

L·LENTVLIO
CENSORINO
PICTAVO
OMNIBVS·HO
NORIBVS·APVD
SVOS·FVNCTO
CVRATORI·BIT
VIVIS CORVM
INQVISITORI
TRES PROVIN
CIAE GALLIAE

Cette inscription a été découverte à Lyon, en 1855, rue de la Cage, près de Saint-Pierre. C'est un mémorable témoignage élevé, par toute la Gaule, à la gloire d'un illustre poitevin, Lucius Lentulius, comblé d'honneurs dans sa cité d'origine, curateur des Bituriges *vivisci*, c'est-à-dire de Bordeaux, et inquisiteur des Gaules. M. Bernard pense qu'il avait été d'abord prêtre des Pictaves au célèbre autel de Rome et d'Auguste, fondé à Lyon par les députés de la Gaule, le 1er août de l'an 12 avant Jésus-Christ, au confluent du Rhône et de la Saône. L'*inquisitor Galliarum* était un fonctionnaire chargé d'établir l'assiette de l'impôt destiné à la caisse particulière des Gaules, *arca Galliarum.*

(*Le temple d'Auguste,* par Bernard, p. 75 et 92-93.)

Lentulius exerçait, en outre, les fonctions de curateur de la cité des Bituriges *vivisci* (Bordeaux), consistant à régir les finances municipales. Les curateurs, dont l'origine remonte à Nerva, étaient à la nomination de l'empereur jusqu'au IV° siècle.

(*Dict. des Antiquités,* par Daremberg et Saglio, au mot *curator civitatis.*)

C'est pour avoir exercé honorablement ces fonctions que l'Assemblée des trois Gaules a érigé un monument au poitevin Lentulius, près du célèbre autel de Lyon. S'il est vrai que l'institution des curateurs ne remonte pas au delà de Nerva, à la fin du I°r siècle, on peut assigner au II° siècle l'érection du monument.

(*Le temple d'Auguste,* par Bernard. — *Revue des provinces de l'Ouest,* t. III, p. 98.)

XLVIII

......ORIVS F......ISI...O........
CIVITATE COLLAPSA...E...S.W....
RESTITVIT

Le fragment de frise ou entablement sur lequel est gravée cette inscription a été découvert, en 1871, sur l'emplacement du cimetière de l'ancienne église de Notre-Dame de la Chandelière, non loin de Saint-Hilaire, à Poitiers, et déposé au musée des Antiquaires de l'Ouest. Il avait été creusé et utilisé comme sarcophage, à une époque très ancienne, et lorsqu'on le retira du sol on le brisa sans s'apercevoir que la face inférieure portait une inscription. Dans son état actuel si misérable, il mesure encore 1 mètre de longueur sur 0^{m}70 de hauteur. Il appartenait certainement à un vaste et beau monument romain de la cité. On ne saurait trop déplorer la perte de ce texte épigraphique qui eût été si instructif. La pureté et la grandeur des caractères lui assignent pour date l'époque du haut empire, le IIe siècle au moins.

Trois lignes, dont on ne saurait déterminer la longueur, composaient l'inscription, ainsi que le démontre la moulure saillante qui se profile parallèlement et au-dessus de la première. La troisième ligne se terminait par le mot RESTITUIT qui est certain. La lecture du commencement de ce qui reste de la seconde ligne semble admissible, CIVITATE COLLAPSA. Le nom du personnage qui avait restauré le monument est indiqué par le fragment de mot de la première ligne que l'on peut interpréter par *Victorius, Censorius*, ou tout autre nom susceptible de remplir la lacune du commencement, car nous sommes convaincu que l'inscription ne commençait pas plus loin. Quant aux autres lettres gravées sur trois petits fragments de pierre, séparés du principal, il est impossible d'en tirer aucune signification. Ainsi le monument sur la frise duquel brillait, il y a bien des siècles, cette inscription, avait été reconstruit par quelque magistrat de la cité à la suite d'une catastrophe qui l'avait détruit et en avait sans doute ravagé d'autres, *civitate collapsa.* Tel est, dans sa brièveté désolante, le fait nouveau acquis pour l'histoire locale.

(*Mém. des Antiq. de l'Ouest,* t. XXXV, p. 174, et planche X.
— *Catalogue de la galerie lapidaire des Antiq. de l'Ouest,*
p. 12.)

XLIX

....MISETıı٧BALI⸝....
.....IRIBIT'ORIAD.......
.......NTEASPORT ⸝.......
......QVFHATOPE.........

Ce fragment d'inscription a été découvert à Poitiers, en 1870, au coin de la rue Corne-de-Bouc et de la rue Lubac ou de l'Est, près des ruines malheureusement presque toutes anéanties de l'amphithéâtre romain. La grandeur, et surtout la netteté des caractères, dénote au moins le IIe siècle. M. Pallu de Lessert en a donné la lecture suivante en restituant les mots incomplets :

..... *in thermis et in balineo*.....
..... *diribitoria d*..........
  antea sportulas
..... *aquæ hæc optulit*... (ou : *spectaculaque hæc optulit*).

Le même mot *diribitoria* se rencontre dans une inscription romaine de Néris. (*Bull. de la Soc. des Antiq. de l'Ouest*, 4e trim. 1885 et 1er trim. 1886, p. 8-10.) D'après Anthony Rich, le *diribitorium* était un bâtiment probablement très vaste, destiné à la distribution de la solde des troupes et sans doute, dans la suite, à toutes sortes de distributions. (*Dict. des Antiquités*, p. 231.) Par *sportula*, on entend les dons, les libéralités distribués au peuple par des magistrats ou candidats aux comices. (*Id.*, p. 599.)

La lecture proposée de la dernière ligne ne nous semble pas aussi claire. Le dernier mot pourrait bien être *opera*.

Quoi qu'il en soit, il n'en résulte pas moins de cette inscription, qui serait si intéressante pour l'histoire locale si elle était complète, qu'il y avait à Poitiers des thermes, des balnéaires, des *diribitoria* dont la construction, ou la réparation, ou l'inauguration donna lieu à des fêtes et largesses aux frais de quelque magistrat ou puissant personnage.

(*Bull. des Antiq. de l'Ouest*, t. XII, p. 375, et pl. II. — *Catalogue de la galerie lapidaire des Antiquaires de l'Ouest*, p. 10.)

L

C........

DVN......

MENT1....

FLAMEN....

BALINEVM CVM SVIS

S.O

Ce fragment d'inscription a été découvert dans les ruines d'une villa romaine, au Romagnoux, près Vivonne. On y a trouvé beaucoup de débris caractéristiques de cette époque, et notamment deux grands bronzes de Nerva et d'Adrien. L'original est conservé au musée de la ville de Poitiers.

Restitution proposée :

Caius..... Lug,
dunensis.....
mentis ornatus
flamen perpetuus
balineum cum suis
de suo ornavit.

La villa et le balnéaire de Romagnoux sont donc l'œuvre d'un prêtre païen, *flamen*, d'une divinité indéterminée et qui en était sans doute propriétaire.

(*Catalogue des Antiquités de l'Ouest*, 1854, p. 51. — *Mém. des Antiq. de l'Ouest*, t. XXVIII, p. 149. — *Catalogue du musée de la ville de Poitiers*, par M. Brouillet, t. II, p. 300. — *Bull. des Ant. de l'Ouest*, t. X, p. 303-304.)

LI

QV.......
BAI......
VI........

Ce débris d'inscription, encastré dans le mur du jardin du lycée de Poitiers, rue Sainte-Catherine, n'est guère susceptible de restitution. Il semblerait, toutefois, qu'il s'agit là encore d'un balnéaire, *balineum*.

(*Mém. sur l'enceinte romaine de Poitiers*, par B. Ledain, pl. XIX, fig. 2.)

LII

IMP
CÆSARIS
AVG·P·L·
GALLENVS
LL   VR

Inscription gravée sur une colonne de marbre gris veiné, longue de 4 pieds 8 pouces sur 1 pied de diamètre, qui se trouvait, en 1747, à Poitiers, dans la cour d'une auberge sise sur le terrain occupé depuis par l'hôtel de la Bourdonnais. Ce terrain était contigu aux ruines, très considérables alors, de l'amphithéâtre romain.

On ne saurait considérer cette colonne comme une borne milliaire. C'est un monument commémoratif ou le socle d'une statue, peut-être celle de Gallien dont le nom est inscrit dans l'inscription, *Publius Licinius Gallienus.* Faudrait-il voir dans l'érection du monument la preuve d'une adhésion, au moins momentanée, de la cité des Pictons à l'empereur Gallien, durant sa lutte malheureuse contre le célèbre Postume, proclamé empereur des Gaules, en 258? Le sens de l'inscription, demeuré obscur par suite de la destruction de la dernière ligne, ne permet pas de se prononcer. La colonne a disparu depuis longtemps, et on ne possède qu'un dessin peut-être inexact, exécuté par Beaumesnil. Quoi qu'il en soit, rien ne saurait faire soupçonner son authenticité, et le nom de Gallien, gravé sur ce marbre, fait songer à la tradition, d'ailleurs fort incertaine, dont parlent Bouchet, Thibaudeau et Dufour, qui mentionne l'existence à Poitiers d'un palais Gallien.

LIII

TI · Iulius.....
ECR.........
V.   s.l.m....

Ce fragment d'inscription votive a été découvert dans le temple romain de Sanxay. Les lettres sont d'une bonne époque, sans doute du 1er siècle de notre ère.

Il est profondément regrettable qu'on n'ait trouvé, lors des célèbres fouilles de Sanxay, que des inscriptions littéralement réduites en miettes. On a ramassé dans les ruines du théâtre 143 fragments portant les uns une lettre, d'autres la moitié ou le quart d'une lettre. Ils semblent appartenir au moins à deux textes différents. Qui donc pourra jamais les restituer ?

(*Revue Poitevine et Saintongeaise*, t. I, p. 342, article de M. Héron de Villefosse.)

LIV

POL

Fragment d'inscription gravée sur une pierre découverte près du temple romain de Sanxay, fouillé par le P. de la Croix. La hauteur des lettres est de 0 m. 18. Il formait, si on en juge par le reste de la moulure, le commencement de la première ligne d'une inscription votive. On a proposé de lire :

aPOLlini

Mais il serait téméraire d'émettre une affirmation.

(*Revue Poitevine et Saintongeoise*, I, p. 341, 342.)

ÉPIGRAPHIE ROMAINE

BORNES MILLIAIRES

VOIE DE POITIERS A BOURGES

LV

IMP·CAES·DIVIHADRI
ANI·FIL·DIVITRAIANI
PARTHIC·NEPOS·DIVI
NERVAE·PRON·T·AEL
HADRIAN·ANTONINVS
AVG·PIVS·P·M·TR·POT
III
FIN
XI

Cette colonne milliaire provient de l'antique cimetière de Saint-Pierre-les-Églises, près Chauvigny, où elle avait été utilisée comme sarcophage. Elle servait de jambage de porte près de ce cimetière lorsqu'elle fut donnée, en 1834, à la Société des Antiquaires de l'Ouest qui la conserve dans son musée.

(Siauve, p. 81. — Dufour, *De l'Ancien Poitou*, p. 173. — De la Lande, *Bull. des Antiq. de l'Ouest*, I, 160, et *Mém. des Antiq. de l'Ouest*, I, 220. — De Longuemar, *Épigraphie du haut Poitou*, p. 131. — *Congrès archéol. de Châteauroux*, 1873, p. 100.—De Caumont, *Bull. monum.*, t. I, 373,

— *Ancien catalogue du musée des Antiquaires de l'Ouest*. p. 49. — *Nouveau catalogue du musée des Antiquaires de l'Ouest, galerie lapidaire*, par M. B. Ledain.)

Lecture : *Imperator Cæsar, divi Hadriani filius, divi Trajani Parthici nepos, divi Nervæ pronepos, Titus œlius Hadrianus Antoninus, augustus, pius, pontifex maximus, tribunitia potestate...* (consul), III. *Fines* XI.

La colonne date donc de l'empire d'Antonin le Pieux et non pas d'Hadrien, comme cela a échappé à M. de Longuemar dans son *Épigraphie*. Le 3ᵉ consulat d'Antonin lui assigne l'année 140. Elle appartenait à la voie romaine de Poitiers à Bourges. Le *Fines* indiqué est Ingrande, sur l'Anglin.

M. Espérandieu, dans son *Épigraphie romaine du Poitou et de la Saintonge*, en cours de publication (*Revue Poit. et Saint.*, 1887, n° 36), a cru devoir restituer la partie droite des trois dernières lignes de la manière suivante :

P. P. (*pater patriæ*)
LIM. (*Limonum*)
X.

Ce dernier chiffre X, représentant la distance entre le point où était placé le milliaire et la ville de Poitiers, semble, en effet, justifié par l'inscription suivante qui donne aussi 21 lieues entre Poitiers et *Fines* (Ingrandes). La carte de Peutinger ne donne, il est vrai, que 20 lieues ; mais elle doit être nécessairement rectifiée par les bornes milliaires qui sont des documents certains et inaltérables. On sait que la lieue gauloise est évaluée à 2,222 mètres, d'après les calculs généralement admis.

LVI

. . . .
TAEL HADRIANVS
ANTONINVS AVG
PIVS P M TR·P·III
COS III   PP
FIN   LIM
 VII   XIV

Cette colonne milliaire, dont la partie supérieure manque, a été découverte, en 1867, dans l'antique cimetière d'Antigny (Vienne), canton de Saint-Savin.

La lecture en est facile. Elle a été érigée, sur la voie de Poitiers à Argenton, sous l'empereur Antonin le Pieux, en l'an 140. (*Bull. de la Soc. des Antiq. de l'Ouest*, 4° trim. 1867, p. 564 et pl.— *Mém. des Antiq. de l'Ouest*, t. XXXII, p. 41 ; les *Bornes milliaires*, par de Longuemar.) L'original existe au château de Boismorand, près Antigny. L'inscription doit se lire comme la précédente, en restituant la partie supérieure qui manque. Les chiffres des distances seuls sont différents. On a vu tout à l'heure que les 21 lieues comptées entre Poitiers et Ingrandes doivent être préférées aux 20 lieues de la carte de Peutinger. (Espérandieu, *Épigr. rom. du Poitou et de la Saintonge.*)

LVII

IMP MAVR COMM
AVG PONTIFEX MAXI
MVSTRIBVNPOTESTAT
COS III
F   LIM
X

Cette colonne milliaire provenant de Chauvigny a été donnée, en 1836, par M. Piorry, à la Société des Antiquaires de l'Ouest, qui la conserve dans son musée. Elle avait été dressée sur la voie romaine de Poitiers à Bourges par Argenton, sous l'empire de Commode (180-192), l'année de son 3ᵉ consulat, c'est-à-dire en 181. La station *Fines* est Ingrandes, sur l'Anglin. M. Espérandieu l'attribuerait plus volontiers à Marc-Aurèle.

> (De la Lande, ap. *Mém. des Antiq. de l'Ouest*, 1837, p. 120. — Bull. du 2ᵉ trimestre 1844, p. 47. — De Longuemar, *Epigraphie du haut Poitou*, p. 134. — Ancien catalogue du *Musée des Antiq. de l'Ouest*, p. 49. — *Catalogue de la galerie lapidaire des Antiq. de l'Ouest*, par B. Ledain, p. 16. — *Rev. Poit. et Saint.*, 1887, p. 37.)

LVIII

LAELAVR·ANT
COMMODOPIOFEL
AVGCOSPMTRPXIRI
PI

Cette colonne milliaire, très mutilée, était placée près du

gué des Chirets, en la paroisse de Saint-Pierre-les-Églises, sur le bord de la Vienne, sur la voie romaine de Poitiers à Argenton et Bourges. La restitution de l'inscription due à M. l'abbé Mitton n'est pas entièrement acceptable. Le monument date de l'an 186, pendant lequel l'empereur Commode exerçait pour la 11e fois la puissance tribunitienne. Mais les deux dernières lettres de l'avant-dernière ligne et les deux premières de la dernière, interprétées sans motifs suffisants par RIPENSES (Vigennæ), ne nous semblent pas admissibles.

(De Longuemar, *Épigraphie du haut Poitou*, p. 135. — *Bull. des Antiq. de l'Ouest*, 1864, p. 368.)

LIX

MAX·RIBVNITIA
IMPXIPPCO.....
DES III

Ce fragment de colonne milliaire a été trouvé dans la vallée des Goths, près Saint-Pierre-les-Églises, et donné à la Société des Antiquaires de l'Ouest par M. l'abbé Mitton. L'inscription en est trop incomplète pour que l'on puisse en tenter une restitution certaine. M. l'abbé Mitton a proposé la suivante : « *L. Sept. Severus Pertinax Parthicus maximus tribunitia potestate XV, cos. III, imp. XII, pontifex maximus cos. designatus III.* Elle ne nous semble pas acceptable. D'après l'original, la deuxième ligne doit être lue IMPXIPP, c'est-à-dire : *imperator* pour la 11e fois, père de la patrie; et non pas : *imperator XII pontifex maximus*. La colonne pourrait être attribuée, toutefois, à l'empereur Septime Sévère, auquel on décerna onze fois le titre d'*imperator*. La onzième fois correspond à l'année 202.

> (De Longuemar, *Épigraphie du haut Poitou*, p. 136. — *Catalogue de la galerie lapidaire des Antiq. de l'Ouest*, par Ledain, p. 16. — Espérandieu, ap. *Revue Poit. et Saint.*, 1887, p. 33.)

LX

IMP·CÆS·M·
NRELOSÆRO·
ALEXADROPoFEL·
NG·M·AR·ANoNN·DI
VIPII·F·L·SEPT·DIVI·
SÆRI·NEPOTI·
LM·L·XI·
FN·X·

Cette colonne milliaire, découverte, d'après le rapport de Dufour (*Hist. génér. du Poitou*, 1828, p. 217), dans l'antique champ funéraire de Civaux, où elle servait de sarcophage, fut transportée par M. de Montbron dans le parc du château de Scorbé-Clervaux. Il y a une vingtaine d'années, elle a été acquise par M. Arnaudeau, qui l'a placée dans le parc de sa maison de campagne, près Châtellerault. C'est là que nous avons vérifié et estampé nous-même l'inscription. Beaucoup d'antiquaires poitevins l'ont autrefois publiée et étudiée. (Mangon de la Lande, ap. *Mémoires des Antiq. de l'Ouest*, 1835, p. 223, et *Bull. des Ant. de l'Ouest*, 1838,

p. 158. — Lalanne, *Hist. de Chatellerault*, t. Ier, p. 91. — De Longuemar, *Épigraphie du haut Poitou*, p. 137, et *Bornes milliaires*, t. XXXII des *Mém. des Antiq.* p. 40, où il prétend à tort que cette colonne vient de Saint-Pierre-les-Églises, près Chauvigny.) Sa provenance de Civaux, attestée par Dufour, semble démontrer qu'elle appartenait à la voie romaine de Poitiers à Bourges. Par conséquent, le *fines* mentionné est Ingrande sur l'Anglin, situé sur la frontière des Pictones et des Bituriges.

La lecture de l'inscription est facile : *Imperatori Cæsari Marco Aurelio Severo Alexandro pio, felici augusto, Marci Aurelii Antonini divi pii filio, Lucii Septimi divi Severi nepoti. Limonum leugas XI. Fines X.*

La colonne a donc été érigée sous l'empereur Alexandre Sévère, qui régna de 222 à 235. La distance de 21 lieues gauloises entre Poitiers et Ingrande déjà affirmée par les milliaires précédents de l'empereur Antonin est donc confirmée par celui-ci de la manière la plus certaine.

LXI

IMPCAESMAVŒLIO

SEV·ALEXANDRO PO·

FIL·M·AVR·ANTONN·DIVI·

NEPOTI·DIVI SƎRI·

Cette colonne milliaire provient de l'ancien cimetière de Saint-Pierre-les-Églises, près Chauvigny, où elle avait été utilisée comme sarcophage. Elle servait de jambage de porte près de ce cimetière, lorsqu'elle fut donnée, en 1834, par M. Faulcon, à la Société des Antiquaires de l'Ouest, qui la conserve dans son musée. Elle avait été érigée sur la voie romaine de Poitiers à Bourges, sous l'empereur Alexandre Sévère. L'inscription étant incomplète, on ignore la date précise et, ce qui est surtout regrettable, le nom des mansions et les distances. La restitution que nous en donnons, facilitée et confirmée par l'inscription précédente, est celle de M. Mangon de la Lande. Nous la préférons à celle de M. Espérandieu qui donne, à tort suivant nous, le surnom de *Magnus* à Marc-Aurèle-Antonin (Caracalla).

(Siauve, *Mém. sur les Antiq. du Poitou*, p. 84. — Dufour, *De l'ancien Poitou*, p. 178. — De la Lande, *Bull. des Antiq. de l'Ouest*, 1834, p. 4 et 8, et *Mém. des Antiq. de l'Ouest*, 1835, p. 220. — *Anc. catal. du musée des Antiq. de l'Ouest*, p. 50. — *Catal. de la galerie lapidaire du musée des Antiquaires*, par B. Ledain, p. 15. — Espérandieu, ap. *Revue Poit. et Saint.*, 1887, p. 41, 42).

LXII

IAIO
NOB CÆS PF

Ce débris de borne milliaire provient de Saint-Pierre-les-Églises, près Chauvigny, et a été donné par l'abbé Mitton au musée des Antiquaires de l'Ouest. L'inscription est trop incomplète pour être expliquée. Mais la qualification de *nobilissimus Cæsar* indique qu'elle se rapporte à un empereur du IIIe siècle ou du commencement du IVe. M. Espérandieu a lu *Caio* et attribue le milliaire à l'empereur Dèce. Nous n'osons pas adopter cette hypothèse.

(*Catalogue de la galerie lapidaire des Antiq. de l'Ouest*, p. 17. — *Revue Poit. et Saint.*, 1887, p. 46.)

LXIII

```
   IP·C
  MESSI
```

Ce fragment de colonne milliaire a été découvert par le P. de la Croix dans le cimetière d'Antigny. On pourrait probablement le restituer de la manière suivante :

```
   IMP·CAES·
  C·MESSIO·Q·
   TR·DECIO
```

Ce sont là, en effet, les noms sous lesquels est désigné l'empereur Dèce, qui régna de 249 à 251 : Caius Messius Quintus, Trajanus Decius. (*Exempla inscript. latin.* par Wilmanns, t. II, p. 524.) L'interprétation de M. Espérandieu est à peu près semblable. (*Revue Poit. et Saint.*, 1887, p. 46.)

VOIE DE POITIERS A TOURS

LXIV

```
    IMPCAESARDIVIHA
    DRIANIFILDIVITRA
    IANIPARTHICINE
    POSDIVINERVAEPRO
    NEPTAELHADRIA
    NVSANTONINVS
    AVGPIVSPMTRP
              PP
   LIM        FIN
   IX         VII
```

Cette colonne milliaire, découverte dans l'ancien cimetière de Cenon en 1786, et transportée dans le parc du château du Fou où elle se trouve encore, appartenait à la voie de Poitiers à Tours. Nous avons collationné l'inscription sur le monument lui-même. Les chiffres des années de la puissance tribunitienne et du consulat de l'empereur Antonin le Pieux qui manquent sur la pierre doivent être III, ce qui répond à l'année 140. La colonne devait être placée sur la voie, dans les environs de Cenon, et non loin des deux autres trouvées au même lieu, comme on est en droit de le conclure des distances indiquées entre *Limonum* (Poitiers) et *Fines* (Ingrandes-sur-Vienne).

Lecture : *Imperator Cæsar divi Hadriani filius, divi Trajani Parthici nepos, divi Nervæ pronepos, Titus Ælius Hadrianus Antoninus Augustus pius, pontifex maximus, tribunitia potestate... pater patriæ, Limonum, IX, Fines, VII.*

(Dufour, *De l'ancien Poitou*, p. 132; la lecture de l'inscription n'y est pas exacte. — De Caumont, *Cours d'antiq. monum.*, 1834, pl. 18, et *Bull. monum.*, t. Ier, p. 372. — Lalanne, *Hist. de Châtellerault*, t. I, p. 89. — *Épigraphie du haut Poitou*, par de Longuemar, ap. *Mém. de la Société des Antiq. de l'Ouest*, t. XXVIII, p. 133. — Espérandieu, *Épigr. rom. du Poitou et de la Saintonge*.)

LXV

IMP·CAESDIVIHADR
IANIFIL DIVITRAIANI
PARTHICINEPOSDIVI
NERVAE PRONEP·T·AEL
HADRIAN·ANONNVS
AVG·PIVS·P·M·TR·P III
COS III   PP·
LIM   FIN

Cette borne milliaire, qui appartenait à la voie romaine de Poitiers à Tours, a été découverte dans l'ancien cimetière de Cenon, où elle servait de sarcophage, ayant été creusée dans ce but. Elle fut transportée au dernier siècle au château du Fou où elle existe encore.

(*Hist. de Châtellerault*, par l'abbé Lalanne, t. Ier, p. 89. — *Épigraphie du haut Poitou*, par de Longuemar, ap. *Mém.*

de la Société des Antiq. de l'Ouest, t. XXVIII, p. 133. — D. Fonteneau, Recueil d'inscriptions.—Bourignon, Dissertation sur le vieux Poitiers, 1786, p. 7.)

Dom Fonteneau et Lalanne donnent le chiffre II sous le mot FIN. De Longuemar l'a omis, avec raison, puisqu'il n'existe plus sur l'original. Le monument, comme on le voit, érigé sous l'empereur Antonin le Pieux, date de l'an 140. M. Espérandieu a cru devoir restituer les chiffres des distances, en supposant XI sous Lim. et V sous Fines. C'est, en effet, possible, mais toutefois incertain. (*Epigraphie romaine du Poitou et de la Saintonge.*)

LXVI

```
IMPCAESDIVIHADR
IANIFILDIVITRA
IANI PARTHIC
INEPOSDIVI NERV
AEPRONEP·TAELHA
DRIANANTONINVS
AVG PIVS PM TRP III
COS III        PP
   LIM        FIN
    X
```

Cette colonne milliaire, découverte dans le cimetière de Cenon, où elle servait de sarcophage, a été transportée, en 1786, dans le parc du château du Fou. On l'y conserve encore. Elle appartenait à la voie romaine de Poitiers à Tours et devait avoir été placée dans les environs de Cenon, à dix lieues de *Limonum* (Poitiers), et à une distance inconnue de *Fines* (Ingrandes-sur-Vienne), ce dernier chiffre étant effacé sur la colonne. Nous avons vérifié cette inscription sur le monument original. Elle n'a pas été copiée d'une façon rigoureusement exacte par les auteurs qui l'ont publiée. Elle est dédiée, comme les deux autres trouvées au même lieu, à l'empereur Antonin le Pieux qui semble, par conséquent, avoir ordonné la construction de la grande voie de Poitiers à Tours, en l'an 140.

> (Bourignon, *Dissertation sur le vieux Poitiers*, 1786, p. 9. — Lalanne, *Hist. de Châtellerault*, t. Ier, p. 89. — *Épigr. du haut Poitou*, par de Longuemar, ap. *Mém. de la Soc. des Antiq. de l'Ouest*, t. XXVIII, p. 132.)

M. Espérandieu en a donné une bonne copie.

LXVII

```
IMPCAESDIVIHADR
IANIFILDIVITRA
IANIPARTHICINE
POSDIVINERVAE
PRONEP·T·AEL·HA
DRIANANTONI
NVS AVGPIVSPM
TRP III COS III PP
LIM
    VI
```

Cette colonne milliaire, découverte en 1786 dans le cimetière de Cenon, fut transportée dans le jardin de M. Rivière, à Châtellerault. Elle appartenait, comme les autres, à la voie de Poitiers à Tours et date de l'an 140, sous l'empereur Antonin le Pieux. (Bourignon, *Dissertation sur le vieux Poitiers*, 1786, p. 6. — Recueil manuscrit formé par M. le conseiller André, de Rennes.) Sa restitution et sa lecture ne souffrent aucune difficulté. La distance du *Fines* manque. M. Espérandieu a cherché à la restituer et a proposé le chiffre X pour *Fines*, en admettant, ce qui semble très probable, que le chiffre VI se rapporte à *Limonum*. (*Épigr. du Poitou et de la Saintonge*.)

LXVIII

DD NN
FLAVIO VA
LERIO
CONSTAN
TIO MAXIMO
NOBILISSIMI
MO CAES
C LX

Cette colonne milliaire fut découverte par Siauve, dans un hameau, à 2 hectomètres à l'ouest de Cenon, près de la voie romaine de Poitiers à Tours. Elle avait servi de sarcophage et fut donnée, en 1837, par l'abbé Millet, archiprêtre de Châtellerault, à la Société des Antiquaires de l'Ouest.

(Siauve, *Mémoire sur les Antiq. du Poit.*, 1804, p. 100, 101. Dufour, *De l'ancien Poitou*, p. 142. — De Caumont, *Cours d'antiq. monum. — Bull. des Antiq. de l'Ouest*, 1837. — Lalanne, *Hist. de Châtellerault*, t. Ier, p. 91.— *Épigraphie du haut Poitou*, par de Longuemar, p. 140. — *Anc. catal. du musée des Antiq. de l'Ouest*, p. 50, 51. — *Nouveau catalogue de la galerie lapidaire des Antiquaires*, par B. Ledain, 1884, p. 17.)

Ce milliaire date, on le voit, de Constance Chlore, qui régna de 293 à 306. La première ligne doit se lire : *Dominibus nostris*, quoique Constance Chlore soit le seul des quatre empereurs de la Tétrarchie nommé dans l'inscription. La dernière ligne contenant le nom de la station et le chiffre de la distance désigne peut-être *Cæsarodunum* (Tours). En tout cas, la lettre C ne nous semble pas pouvoir indiquer, comme l'ont dit Siauve et de Longuemar, la petite station de Cenon trop rapprochée, et dont le nom ancien était *Sanonno* d'après un triens mérovingien. (*Dict. topographique de la Vienne*, par M. Rédet, p. 80.) M. Ragon l'avait nommée *Condato Magus*; mais cette supposition ne repose sur aucun texte. (*Bull. de la Soc. des Antiq. de l'Ouest*, t. XIV, p. 78.) On pourrait peut-être supposer que la lettre C était précédée de PI, ce qui donnerait PIC (*Pictavis*). L'état de la pierre ne permet ni d'affirmer ni de nier. La gravure des lettres est peu profonde et le frottement peut très bien avoir fait disparaître ces caractères. La lettre L ne signifierait alors que *leugas*, et le chiffre X la distance entre Poitiers et le lieu où était plantée la borne. L'interprétation de C L par *civitas Limonum* serait peut-être la meilleure.

LXIX

DNGALVAL
MAXIMINO
NOBIL CAES
INVICTO.....
PL XII

Cette colonne milliaire, découverte au vieux Poitiers, près Cenon, en 1786, aurait été transportée, d'après Bourignon, dans le parc du château du Fou, d'où elle a disparu depuis. Elle appartenait évidemment à la voie de Poitiers à Tours, qui passait au vieux Poitiers et à Cenon. Elle date, comme on le voit, de Maximin Daza, nommé César en 304.

(Bourignon, *Dissertation sur le vieux Poitiers*, p. 13. — Dufour, *De l'ancien Poitou*, p. 230.)

Si la dernière ligne, comme il y a lieu de le croire, désigne la distance de Poitiers au lieu où était plantée la colonne, cette ville n'aurait plus été connue dès le commencement du iv° siècle sous le nom de *Limonum*, mais sous celui de *Pictavis*. On peut lire, en effet, cette dernière ligne : *Pictavis leugas XII*. L'empereur, dont le nom est inscrit sur le milliaire, pourrait être aussi bien Maximien que Maximin. Dans ce cas, le monument remonterait à la fin du iii° siècle.

VOIE DE POITIERS A SAINTES

LXX

IMP CAES C PIO
ESVVIO TETRICO
PIO FELICI INVICTO
AVG PM TRIB P COS ·
PROCOS
C P L XVI
FIN L XX

Cette colonne milliaire a été découverte, en 1841, dans le cimetière de Rom, nommé *Rauranum* dans l'itinéraire d'Antonin et sur la carte de Peutinger. Elle est conservée au musée de Niort.

L'inscription a été lue ainsi par le général Creuly :

Imperatore Cæsare Caio pio
Esuvio Tetrico
pio felici invicto
Augusto, pontifice maximo, tribunitiæ potestatis, consule
proconsule
civitate Pictavorum leugæ XVI
Fines leugæ XX

Tetricus, gouverneur d'Aquitaine, fut proclamé empereur, à Bordeaux, avant mars 268 (*Hist. des Romains*, par Duruy, t. VI, p. 439), et régna en Gaule jusqu'en 274.

Le chiffre de XVI lieues indique la distance réelle entre

Poitiers et Rom et se trouve conforme à celui de la carte de Peutinger. Les 20 lieues séparant Rom de *Fines* forment la distance réelle en plaçant le *Fines* à Vinax, comme l'a démontré M. Ragon.

(*Recherche du Fines entre les Pictones et les Santones*, ap. *Bull. des Antiq. de l'Ouest*, 1876.)

M. Lary, qui avait étudié autrefois cette inscription, n'avait pas compris l'avant-dernière ligne qui doit se lire : *Civitas Pictavorum, leugæ XVI* (*Mém. de la Soc. de statist. des Deux-Sèvres*, 1re série, t. XII, 22). Cette manière de désigner la ville de Poitiers est nouvelle. Les inscriptions antérieures la nomment *Limonum*. Ainsi donc, à la fin du iiie siècle, le nom antique n'est plus employé officiellement.

L'inscription de ce milliaire a été publié dans l'*Épigraphie du haut Poitou*, par M. de Longuemar, p. 138, et les *Mém. des Antiq. de l'Ouest*, t. XXXII, p. 41.

LXXI

IMP CAES
MAR CLAV
TACITO INV
PIO F AVG
PON M P P
TRIB P COS II
C P L LXVI
F L XX

Cette colonne milliaire, découverte en 1841 dans le

cimetière de Rom, est conservée au musée de Niort. Le général Creuly en a donné la lecture suivante :

> Imperatore Cæsare
> Marco Claudio
> Tacito invicto
> pio, felice, augusto
> pontifice maximo, patre patriæ,
> tribunitiæ potestatis consule II
> civitas Pictonum Limonum, leugæ XVI
> fines leugæ XX

Le deuxième consulat de l'empereur Tacite place la colonne à l'année 276. On remarquera la double dénomination de Poitiers, ce qui prouve que le nom ancien n'était pas encore tout à fait oublié. Les chiffres sont les mêmes que ceux de la colonne de Tetricus et donnent les mêmes conclusions.

(*Mém. de la Soc. de statist. des Deux-Sèvres,* 1re série, V, 47 ; XI, 45. — *Épigr. du haut Poitou,* p. 139. — *Rech. du Fines entre les Pictons et les Santons,* par Ragon, ap. *Bull. des Antiq. de l'Ouest,* 1876.)

LXXII

IMO
NOBIL CAE
P F IN V A V G
P M T P COS
IIIIX

(Sur le socle)
XIIII

Cette colonne milliaire a été trouvée en 1838 dans l'ancien cimetière de Brioux, où elle avait servi de cercueil. Elle a ensuite été déposée au musée de Niort. M. Rondier, qui en a fait une étude spéciale (*Colonne milliaire de Brioux*, 1865), a lu et restitué l'inscription de la manière suivante :

Imperatore Constantino maximo, nobilissimo Cæsare, pio, felici, invicto, augusto, pontifice maximo, tribunitia potestate, consule...

M. Ragon l'attribuerait plus volontiers à Constance Chlore, et lirait ainsi : *Imperatori Flavio Valerio Constantio maximo, nobilissimo*, etc. Il se base, pour cette interprétation, sur une inscription semblable d'une borne milliaire de Cenon (*Recherche du Fines entre les Pictones et les Santones*, ap. *Bull. des Antiq. de l'Ouest*, 3ᵉ trim., 1876). Cette opinion nous paraît plus admissible à cause de la qualification de *nobilissimus Cæsar*. Constance Chlore fut proclamé César le 1ᵉʳ mars 293. (Duruy, *Hist. des Romains*, t. VI, p. 542.) Il gouverna la Gaule et la Bretagne jusqu'à sa mort, en 306. Son fils Constantin ne fut *César* qu'un instant pour devenir *Auguste*, dès 307. (*Id.*, t. VII, p. 9-13.) Il paraît donc plus naturel d'admettre que Constance Chlore qui a fait réparer la voie de Poitiers à Tours, comme le prouve le milliaire de Cenon, a fait également réparer celle de Poitiers à Saintes, sur laquelle était plantée la colonne de Brioux.

L'interprétation des chiffres des distances était plus difficile. M. Rondier avait lu le premier chiffre IIIIX de la manière suivante : FINES AUnedonacum X, plaçant ainsi à Aunay le *fines* des Pictons et des Santones. Mais M. Ragon semble avoir découvert le véritable *fines* au petit village de Vinax, situé à 13 kilomètres au sud de Brioux, et, rejetant la lecture inadmissible de M. Rondier, interpréte très ingénieusement le chiffre IIIIX par X moins IIII, c'est-à-dire VI. Or, six lieues gauloises, de 2,222 mètres l'une, séparent, en effet, réellement Brioux de Vinax, c'est-à-dire du *Fines*.

Quant au chiffre XIIII, gravé sur le socle, il indique la véritable distance entre Brioux (*Brigiosum* de la carte de Peutinger) et la station précédente, Rom (*Rauranum* de ladite carte). MM. Rondier et Ragon sont d'accord sur ce point. Ce qu'il y a d'insolite sur cette colonne milliaire de Brioux, c'est que les noms de la station qui la précédait et de celle qui la suivait n'y sont pas gravés à côté des chiffres des distances. Malgré cette omission volontaire, qui, sans doute, ne présentait pas d'inconvénients pour les contemporains, les deux chiffres font évidemment allusion à Rom, d'un côté, et à Vinax (*Fines*), de l'autre.

VOIE DE ROM A NANTES

LXXIII

TOFAVG
PMPI TR
PO

Ce fragment de colonne milliaire a été découvert près de Saint-Pierre-du-Chemin, à la Maison-du-Chêne (Vendée). Quoiqu'il soit bien incomplet, M. Fillon y a reconnu avec raison une inscription en l'honneur de Tétricus ou de Tacite. On y lit sans difficulté :

Invicto felici augusto
pontifici maximo, patri patriæ,
tribunitia potestate.

Ce sont les titres donnés aux empereurs Tétricus et Tacite sur leurs autres bornes milliaires trouvées à Rom et à Nantes. Or, on sait qu'une voie romaine, dite le Chemin-des-Chaussées, partant de Rom (*Rauranum*), se dirigeait vers Nantes, à travers la Gâtine, par Saint-Pierre-du-Chemin, les Herbiers et Saint-Georges-de-Montaigu.

(*Congrès archéol. de Fontenay*, 1864, p. 67. — *Poitou et Vendée,* par Benj. Fillon; la Châteigneraye, Saint-Pierre-du-Chemin, p. 12.)

VOIE DE POITIERS A PÉRIGUEUX

LXXIV

AXIM
TOAVGIM
OVALERIOC
TIONOBILISS
FINVICTOCOS
O VALERIO
ANONOBI
O CAESPFIN

Restitution proposée :

Marco Aurelio Valerio Maximiano, pio, invicto, augusto, imperatori Maximo,

Flavio Valerio Constantio, nobilissimo Cæsari, pio, felici, invicto consuli,

Caio Galerio Valerio Maximiano, nobilissimo Cæsari, pio, felici, invicto.

L'inscription daterait donc entre le 1ᵉʳ mars 292 (institution des deux Césars, Constance et Galère) et le 1ᵉʳ mai 305 (abdication de Maximien et Dioclétien).

> (*Bull. de la Soc. arch. de la Char.*, 1881, art. de M. Louis de Fleury. — *Catalogue de la galerie lapidaire de l'Ouest*, qui possède un moulage de cette borne milliaire.)

Ambernac, où cette colonne milliaire a été découverte en 1882, est situé dans la Charente, mais faisait autrefois partie du diocèse de Poitiers et était un chef-lieu d'archiprêtré. Près de là se croisaient deux voies romaines, celle d'Angoulême à Bellac, par Confolens, et celle de Périgueux à Poitiers, par Chassenon (*Cassinomagus*) et Charroux. (*Statistique de la Charente*, par Michon, p. 165 et 166.) La colonne trouvée dans le cimetière a dû appartenir à l'une de ces deux voies.

INSCRIPTIONS SUR VASES, PIERRES ET BRIQUES

LXXV

SPICVLVS, COLVMBVS, CALAMVS, HOLES PETRAHES, PRVDES, PROCVLVS, COCVMBVS

Des fouilles opérées en 1848, au village de Cormier, commune de Chavagnes-en-Paillers (Vendée), amenèrent la découverte d'un magnifique verre à boire, placé très probablement dans une sépulture, au milieu de beaucoup d'autres objets d'origine romaine. Ce vase, de forme cylindrique, est en verre jaune et coulé. Sa circonférence extérieure est décorée de huit figures de gladiateurs en relief. Ils sont coiffés du casque, armés du bouclier carré et de l'épée, et représentés dans diverses attitudes do combat. Au-dessus de chacun d'eux est inscrit son nom. Or, ces noms, qui sont ceux de gladiateurs célèbres, se rencontrent sur d'autres verres semblables et autres monuments.

L'image de *Spiculus* figure sur les murs de Pompéi avec le surnom de *Neronianus*. On y voit aussi sur des peintures celles de *Petrahes* et de *Prudes*. Un fragment de verre antique du musée de Vienne (Autriche), semblable au beau verre de Chavagnes, représente les gladiateurs *Petrahes*, *Prudes* et *Calamus*. Un verre complet et absolument semblable, découvert, en 1858, près de Chambéry, représente *Calamus*, *Petrahes* ou *Tetraites*, *Prudes*, *Spiculus*, *Columbus*. Des verres du même genre ont été trouvés à Londres et à Trouville. Enfin, il existe une analogie frappante entre les sujets représentés sur ces vases et les bas-reliefs du tombeau de Scaurus, à Pompéi. De tout cela, on doit conclure, avec M. de la Villegille, que le précieux verre de Chavagnes remonte au règne de Néron, que les gladiateurs dont il a conservé les noms jouissaient alors d'une grande célébrité, et qu'il a peut-être été déposé, suivant une conjecture de M. Quicherat, dans la sépulture même d'un de ces illustres combattants.

(*Bull. du Comité de la langue, histoire et arts de la France*, t. IV. — *L'Art de terre*, par Fillon, p. 193, 194.)

LXXVI

IVI RGIN KRCA
VKARI PICIA

Ces graffiti sont inscrits à la pointe, après la cuisson, autour du col d'un beau vase en terre rouge, découvert à Poitiers, rue de l'Industrie, par M. Bonsergent, et conservé au musée des Antiquaires de l'Ouest. Le vase, assez grand, est très remarquable par la finesse de la pâte et la multitude de dessins en relief qui couvrent sa panse et représentent des personnages, des animaux et des feuillages très bien exécutés. Malheureusement on n'en n'a pu retrouver qu'une faible partie.

Le premier fragment de l'inscription, qui est le plus petit, semble se rattacher au second, ce qui donne la lecture suivante : ...... IVIRGIN KREA......

On ne saurait affirmer si le troisième fragment, qui est le plus grand et fait deviner la forme générale du vase, doit suivre ou précéder les deux autres. On ne pourrait pas dire davantage à quelles distances ils se trouvaient les uns à l'égard des autres, car ils ne se raccordent pas, quoique appartenant au même vase. Ce qui est vraiment intéressant dans le second fragment de l'inscription, c'est la mention non douteuse de la ville de Poitiers : .... VLARI PICTA.... Ne pourrait-on pas y reconnaître le nom du possesseur du vase, Poitevin d'origine, ainsi traduit : Ilaire le Poitevin? Si la lecture du premier mot n'est pas certaine, celle du second, désignant la ville, est tout au moins incontestable. Ce curieux vase doit appartenir au IV° siècle.

M. Fillon, qui a publié le dessin de cette inscription, n'a pas osé l'interpréter (*L'Art de terre*, p. 17).

LXXVII

AGATHOCLIIS

Nom tracé à la pointe, après la cuisson, sous le fond d'un vase en poterie commune à couverte noir-lustré, découvert par le P. de la Croix dans les ruines de Sanxay. Les caractères sont très irréguliers.

(*Revue Poit. et Saint.* Inscript. de Sanxay, I, p. 343.)

LXXVIII

Ateciritus
Iteuticae salutem
locilles in cunno

Cette inscription obscène est tracée à la pointe, avant la cuisson, sur une brique romaine découverte par M. Bonsergent, à Poitiers, rue de l'Industrie, et conservée au musée des Antiquaires de l'Ouest. Elle est suivie de la représentation du phallus. Les caractères cursifs dont elle se compose ont fait penser par M. Quicherat qu'elle devait être antérieure au règne d'Adrien. (*L'Art de terre chez les Poitevins*, par B. Fillon, p. 24. — *Bull. des Antiq. de France*, 1863, p. 138.) M. Mowat en a donné une lecture différente qui semble préférable :

>*Ateuritus*
>
>*Heuticæ salutem*
>
>*hoc illei in cunno*

Heutica serait donc le nom d'une courtisane célèbre au IIe siècle. (*Bull. des Antiq. de France*, 1873, p. 84.)

LXXIX

DIAZMYR

DIAGLA

PHOS

Cachet d'oculiste romain rectangulaire, en pierre dure, trouvé à Poitiers par M. Bonsergent et appartenant au musée de la Société des Antiquaires de l'Ouest. Sur l'un des plats est gravé un homme marchant ; sur l'autre est dessinée une tête d'homme.

Les inscriptions gravées sur trois tranches du cachet ont

été lues et savamment interprétées par MM. Thédenat et de Villefosse. Ce sont les noms de collyres employés contre les maladies des yeux.

Diasmyr (nes) était le collyre destiné à remédier aux maladies appelées *aspritudo, cicatrices, epiphorœ, impetus lippitudinis*.

Diagla (usen) était un autre collyre également employé par les médecins romains.

Phos était un collyre cité par le médecin Alexander Trallianus sous le nom de *pulvis ad hebetudinem oculorum efficax*. Il était nommé *lumen*, traduction de *Phos*, par Myrepsus.

(*Notes sur quelques cachets d'oculistes romains*, par MM. Thédenat et de Villefosse, dans le *Bulletin monumental*, 1881, 5ᵉ série, t. IX, p. 598.)

INSCRIPTION DE NATURE INDÉTERMINÉE

LXXX

Martia presbuteria
ferit obblata olebr
io paret nepote

Cette inscription, gravée sur la moitié d'un tambour de colonne, a été découverte, en 1875, par M. l'abbé Baudry au hameau de Pareds (*Alperium*), commune de la Jaudonnière, dans un champ dit des *vieilles églises* (Vendée). Beaucoup d'autres débris antiques gisaient près d'elle dans le même terrain, tels que sarcophages, fragments de colonnes et pierres de taille de toutes sortes. Le morceau le plus curieux était un autel gallo-romain, carré, dont deux faces seules subsistantes représentent, l'une Jupiter, l'autre une divinité tenant une corne d'abondance, qui doit être Mercure.

L'inscription fut communiquée au congrès des Sociétés savantes à la Sorbonne; mais personne ne sut en donner l'interprétation. La lecture elle-même en était très difficile. En effet, elle est grossièrement gravée en capitales demi-cursives et appartient plutôt à la classe des graffiti. M. Quicherat l'a lue d'une manière à peu près exacte et en a fixé la date au IV° ou au V° siècle. Le nom *Olebrio* ou *Olibrio*, qu'on y remarque, est bien, en effet, un nom de cette époque; mais le sens véritable demeure obscur. (*Revue des Soc. savantes*, 1875, 6° série, t. I°", p. 115.)

NOMS DE POTIERS ROMAINS

Nous avons dressé la présente liste des noms de potiers romains, découverts en Poitou, au moyen de la liste donnée par M. Bonsergent dans le tome Ier des *Archives historiques du Poitou*, de celle donnée par M. Fillon dans son *Art de terre chez les Poitevins*, d'une autre dressée par M. l'abbé Baudry dans ses *Puits funéraires du Bernard*, et de celle donnée par M. Brouillet dans son *Catalogue du musée de Poitiers*. Mais nous nous sommes surtout servi des nombreux fragments de poterie découverts dans le sol de la ville de Poitiers et conservés au musée de la Société des Antiquaires de l'Ouest.

LISTE DES NOMS DE POTIERS

Noms.	Provenances.	Noms.	Provenances.
Abiti	Poitiers.	Adn. m	Poitiers.
Abilio. fe	id.	AEI / GN / OC	id.
Ac	id.		
Aca	id.		
Acapvscos	id.	Afind	id.
Acer	Rézé.	Afivm. f	id.
off. Acer	Poitiers.	Africani. m	id.
Acv	id.	Airamn	id.
Acvri. of	id.	Aisa	id.
Acvti	id. et Ranton.	Aisii. m	id.
Acrisi. of	Le Langon.	Ainicisi	id.
of. Adn	Poitiers.	Ainsa	id.

Noms.	Provenances.	Noms.	Provenances.
I. Aioni........	Le Langon.	Atiliani. o....	Poitiers.
Alban........	Poitiers.	Avcella. f...	id.
Albvs.......	id. et Rézé.	Avdax.......	Rézé.
Albani......	id.	p. Avres........	id.
Albini.......	id.	Ave. vale....	Poitiers.
Alavci. m....	Le Bernard.	Avibi ficvi...	id.
Albvci. m....	Rézé.	of. Ax..........	id.
And (oca)....	Poitiers.	Avnom. o.....	id.
And..........	id.	Avrelii. o....	id.
Andoca.......	id.	Balbini. of...	Environs de Fon-
Andra. man...	id.		tenay.
Anextlati....	id.	of. Bassi.........	Poitiers.
o. Ano.........	Rézé.	Beliniccvs. f..	id.
Anvni. m.....	Poitiers.	Belinici......	Rézé.
Ambaris......	St-Père-en-Rais.	Bellen.......	id.
Amator. f....	Le Bernard.	of. Bene........	Poitiers.
Amilii. m.....	Poitiers.	Bibix.........	id.
Antiochvs....	id.	ofic. Bil. — Bilv...	id.
Aper.........	id.	Bitvr (ix).....	id.
Apa (mi).....	id.	Borilli. of....	id. et le Ber-
Apolini. o.....	id.		nard.
Aqvilii. of....	id.	Bollvci.......	Poitiers.
Aqvi.........	id.	Brii..........	id.
of. Aqvitan......	id.	Bvrd. of......	id.
of. Ardaci.......	id.	Cacasi. m.....	id.
Arici.........	id.	Cadv. f.......	id.
Arivvs. l. f...	id.	Caivs........	id. le Langon
Arcir........	id.		et St-Médard
As. i.........	id.		des-Prés.
Asiticvs......	id.	Callis (Callisti)	Poitiers.
m. Astvcis.......	id.	Callidi.......	id. et Rézé.
Atei.........	id.	of. Calvi........	Poitiers.
Atelia.......	Rézé.	Calvs. f.....	id.
Ateini.......	Poitiers.	Cambvs. f. ou	
Ateixanti....	id.	Camrvs f...	id.
Atepo. man...	id.	Campani. of	
Atepsi. m....	id.	Camp.......	id.
Aterrsi......	id.	Camvl. o. et	
Atfi.........	id.	Camvli.....	id.

Noms.	Provenances.	Noms.	Provenances.
OFI. CANI............	Poitiers et Faye-l'Abbesse.	CNAE..........	Poitiers.
		COBSI..........	id.
CANTVS.......	Poitiers.	COBNERTO.....	id.
CANTOM.......	id.	COCVR........	Nalliers.
CAPITV. F. et CAPITVLI. F..	id.	COCI. OF. et COC. M......	Poitiers et Saint Père-en-Rais.
CARVSSA......	id. et le Bernard.	COLL. OF......	Poitiers.
CARATVCCVS. F.	Rézé.	O. COGNATI.......	id.
CARINVS.......	Faye-l'Abbesse.	COMBARA.....	St-Georges-de-Montaigu.
CASSIGNETI....	Poitiers et le Bernard.	COMOSVAR.....	Poitiers.
CATONIS......	Poitiers.	COMVS........	id.
CATTO. FIC....	id. et Rézé.	CONDO........	id.
CATIANI. M....	Poitiers.	I. COPPI..........	id.
CATLI. OFIC ou CATVLI.....	id.	C. CORO..........	Le Langon.
		CORN..........	Poitiers.
CAVTI. M. OU OF CAVTI......	id.	CORNVTVS.....	id.
		COSAXTI......	id.
S. CEVS..........	Nalliers.	COTICORIXS....	id.
C. CELSI. OF......	Poitiers.	COTTO. F......	id.
CELSIANI. OF...	id.	CRA..........	id.
OF. CEREALIS. ETVSSO. MVR.....	Pont-Habert, près Challans.	CRATVS. F.....	id.
		CRACCVS......	id.
		CRESIMI. M.....	Le Bernard.
OFFI. CES... et CAES.	Poitiers.	CRES..........	Poitiers.
L. CHRESI. M.....	Le Langon.	CRESTI........	Rézé.
CHR. et CHRE..	Poitiers et le Bernard.	CRICIRO.......	Poitiers.
		CRISPINI......	id.
CHNALI. M.....	Poitiers.	CRIXI........	id.
CHRI. TITI.....	id.	CROESI........	id.
CHAVDOS et CHAVD. O....	Rézé et St-Georges-de-Montaigu.	CROCV........	id.
		CVBVS MERVLA.	Auzais.
		CVCAB ou CVCAR	Poitiers.
CINTICATI.....	Poitiers.	CVCESA........	id.
CINTVCRA. F...	id.	CVM. M........	id.
CINTVS........	id.	M. DALVISIV......	id.
CICTOVA......	id.	DAMON — DAMON. O.....	id. et Rom.

Noms.	Provenances.	Noms.	Provenances.
DAMONVS. F...	Poitiers.	FELICIS. MAN...	Poitiers.
DANO.........	id. et Rézé.	OF. FELICI.......	id. le Bernard
DAVNO. M.....	Poitiers.		et le Langon.
DECMI. M......	id.		
DECV.........	id.	FELICIT.......	Poitiers.
DIGRATI ou DIGNATI......	id.	FE NFC TC	id.
DIOGE........	id.		
DIORI........	id.	FHLSM........	id.
DITTAMI......	id.	OF. FIRMO........	id.
DIVICATVS....	id. Vérines et le Bernard.	O. FIRMONIS......	id.
		FLAVINI.......	Poitiers et le Langon.
DONI.........	Poitiers.		
DOCCIVS. F....	id.	FONT.........	Poitiers.
DOMITII.......	Le Bernard.	FECIT MALIVS FORTVNATVS.	id.
DOVLICCVS....	Poitiers.		
DRIICINI. M....	id.	OF. FORTVNATI....	Faye-l'Abbesse.
DVB..........	id.	FORMOSVS.....	Poitiers.
HBRIIDVS......	Les Herbiers.	OF. FRIM.........	id.
ELVSSIV. F.....	Poitiers.	FRANI........	id.
HMOCI........	id.	FRONTV.......	id.
ERICI. M......	id.	FVLVI. F. et FVLV.......	Environs de Fontenay et St-Médard-des-Prés
HPRON........	id.		
L. EPPI. F.......	Le Langon.		
ETIS. MA......	Poitiers.		
ETRI.........	id.	FVSCVS. F.....	Poitiers.
HVICIV........	id.	GEMELIVS.....	id.
HVHODI. CHRESTI	id.	GEMINI. M.....	id.
EVTIC........	id.	GEMENI. M.....	Rézé.
HVVTINIC......	id.	GENEROSVS....	Auzais.
HXXIXIIXVI (?)..	Vérines.	GENETII. M.....	Poitiers.
FABII.........	Rom.	GENIALIS. F....	id.
OF. FACVNDI......	Poitiers.	GENITORIS.....	id.
OF. FACER........	id.	GERMANI......	id. et Jart.
FAM. F........	id.	GRATVS. F.....	Poitiers.
FAVSTVS. SALINATOR SERVIAE.	id.	GRESIMI.......	id.
		GRIXI. M......	id.
FAVSTVS......	Pont-Habert, près Challans.	HABILIS. F....	id.
		IABBA........	id.

DU POITOU

Noms.	Provenances.	Noms.	Provenances.
Ianini. o	Poitiers.	Ivici	Poitiers.
Ianvaris. – Ianvarii. o	id. et le Bernard.	Ivani. off	id.
		Ivinvs	Le Bernard.
Iavra. f	Poitiers.	Lastvcis. Lastvcis. m	Poitiers et Rom.
Iccalvs. f	id.	Lastvciss. ou Lastvscissa. m. ou Laxtvscissa. f	Poitiers.
Irvtnii	Poitiers.		
Icari. l. m. b	id.		
Illicati	Rézé.		
Ilvxxo. man	Poitiers.	Lavratvs	id.
Indegeni. m	id.	Laivs	id.
of. Ingenii	id.	Leavdv. f	id.
Ingens	id.	Laetae	Poitiers.
Inoci	id.	Latiani	Le Langon.
Invnonis. o	id.	Letti samia	Poitiers.
Invlvs	Vérines.	Lentv. f	id.
Ioannis	Rézé.	Lentvlli. m	Curzon.
Iredi	id.	Libe (ralis)	Poitiers.
Iridvbnos	id.	Liber. m	id.
Ioc	St-Médard-des-Prés.	of. Licinia. m	id.
		Littera. f	id.
Ioncvs	Poitiers.	Licani ou Licavi	id.
Ivas	id.	Littvs. f	Gourgé.
Ivc	id.	Lolli. m	Poitiers.
Ivcvndi	id.	Losori. m	id.
Ivliani	id. et le Langon.	Lvcan	id.
		Lvccvs. f	id.
Ivlivs	Poitiers	Lvcri. o	id.
Ivlli	id.	Lvpini. m	id.
Ivlii. o	St-Père-en-Rais.	Lvpos	Le Langon et Nalliers.
Ivl. ap	St-Médard-des-Prés.		
		Lvssiv. f	Poitiers.
Ivllvi	Poitiers.	Mabys ou Mabvs	id.
Ivl-vnmim	id.	ofi. Macca	id.
Ivlivi	id.	of. Maccari	id.
Ivnivs	id.	Macrini	id. et le Bernard.
Ivsti. m	id.		
Ivstini. o	id.	Macer	Poitiers.
Ivia	id.	Macei	id.

Noms.	Provenances.	Noms.	Provenances.
Macieri.	Poitiers.	Mateis.	Poitiers.
Mac... cha....	Le Langon.	Maternvs fec.	id.
Maccra.	Poitiers.	Matetvni.	id.
Mad.	id.	Matvri. m.	id.
Madritv. m.	id.	Max.	id.
Mahftis.	id.	Maxximi.	id.
Mahli.	Poitiers.	Menophil(os)m.	
Maioris.	Rom et Poitiers.	peren(nis).	id.
Maiv. f.	Poitiers.	Millitvs.	Curzon.
Malh.	id.	Merca. m.	Poitiers.
Malledo. f.	id.	Mercat.	id.
Malledv.	id.	Mercator.	Ranton.
Malli. m.	id.	Messala.	St-Père-en-Rais
Mall. o.	Le Langon.	Micis. f.	Poitiers.
fecit. Malivs. fortv-		Minirata. m.	id.
natvs.	Poitiers.	Minvs.	Le Bernard.
Mallvro. f.	id.	Miricanvs. m.	Poitiers.
Mamavcni.	id.	Mircato.	id.
Mammi. of.	id.	Mobesi.	id.
Mainaicni.	Vérines.	Modesti. f.	id. et Rom.
Mane.	Poitiers.	Molento. fecit.	Poitiers.
Manertvs. f.	id.	ofi. Mom.	id.
Mariani.	Le Bernard.	of. Monda.	id.
Marcelli. m.	Poitiers.	of. Mon.	id.
Marciani.	Vérines.	Mvrvs. fe.	id.
Marcei. ma.	Poitiers.	Mvnativ.	St-Georges-de-
Martrica.	Ranton.		Montaigu.
Marti.	Poitiers.	p. Mvnivs. f.	Poitiers.
Martiv. m.	id.	Mvxtvl.	id.
Marci. f. et		Nalvi. o.	Le Langon.
Marci. o.	id., le Lan-	Natalis. f.	Poitiers.
	gon et Ar-	m. Nator.	Poitiers.
	din.	Nii.	id.
Marivs. f.	Poitiers.	Nivi.	Rézé.
Maritvmv. fe.	id.	Nixxoni. m.	Poitiers.
Mascivs. ff.	id.	Nomi et nom.	id., le Lan-
Mascvlvs fecit	id.		gon et Rézé.
of. Massi.	id.	Noni.	Poitiers.
Massili.	id.	Novembri. m.	id.

Noms.	Provenances.	Noms.	Provenances.
Nva. f......	Poitiers.	Priscini. m....	Poitiers.
ivl. Nvmim.......	id.	Pr..........	Le Bernard.
Nvranvs. f...	id.	Privat.......	Poitiers.
Obvsi. o......	id.	Pro..........	id.
Ogarios......	id.	of. Prm. v.......	id.
Oicoc........	id.	Pvcriv.......	id.
Olecsiss.....	id.	Pviintis......	id.
Olognato.....	id.	Pvdenis......	id.
Pammivs. f....	id.	Pvgn (i).....	id.
Passen. ma...	id.	Qvadratvs....	id. et Faye-l'Abbesse.
Pavllvs......	id. et les Herbiers.		
		Qvarti. o.....	Poitiers.
Pavlos.......	St-Médard-des-Prés et le Langon.	Qventil. m....	Rom.
		Qvintilli. m...	Poitiers.
		Qvintani. m...	id.
Pavivs.......	Poitiers.	Qviriti. f.....	id.
Paternvs et paterni. f...	Rézé, Jart et Poitiers.	Rebvrri. m....	id.
		Rediti. m.....	id.
		Regalis......	id.
of. Pem.........	Poitiers.	Rega.........	Le Langon.
m. Per (ennis in) gra (tus)...	id.	Regini. ma....	Poitiers et Rézé.
		Rhogeni. m....	Poitiers.
Petrecvs.....	id.	Rep.........	id.
Phil.........	id.	Repent.......	id.
Pistilli. m....	id.	Repenti......	id.
Pixtilli.......	Ardin.	Repentin.....	id.
Pivs.........	Le Bernard.	Repenin......	id.
of. Poli.........	Poitiers.	Riand. m.....	id.
m. Pontici.......	id.	Rispi. m......	id.
Pontii. o.....	Le Langon.	Rod.........	id.
m. Portici......	Poitiers.	Rontv........	id.
Postvmi. ma...	id.	Roscvli. ofic..	id.
Pottacvs.....	Poitiers.	Rvfi. — Rvfvs.	Poitiers, le Bernard, le Langon et Nalliers.
of. Primi........	id.		
Primice evdori.	id.		
Prisci. m.....	id.		
Priscilli. man.	id.	Rvtabn.......	Poitiers.
Priscill. f....	Rom.	Sabinvs. f. et sab. off....	Poitiers.
Priscos,......	Rézé.		

Noms.	Provenances.	Noms.	Provenances.
SALVE.......	Poitiers.	C. SILANVS......	Environs de Fontenay.
SALVETV......	id.		
SALVI.......	id.	SILVANI.......	Poitiers.
SALVIN. M.....	id.	SILVANV......	id.
SAM. O.......	Le Bernard.	SILVI. OF.....	id.
SAMIA.......	Poitiers.	SILV. F.......	id.
SAMILLI. M....	id.	SIOFCI.......	id.
SANCTIANI. M..	id.	SIRON. M......	id.
SANCTVS. FEC..	id.	SOLINI. OF.....	id.
SANO........	id.	SOLECSIS......	id.
SATVRNINI.....	id.	SORINI........	id.
SCEVS........	id.	X. SOSAII........	id.
SCAP........	id.	SPICELI. O.....	Rézé.
SCOTIVS et OFIC.		STVDIOSI......	Poitiers.
SCO........	id.	SVBI.........	id.
SCOTIVI et SCOT. M.....	id.	SVCCVS. F. et SVCCVSXII....	id.
SECVNDVS et SE- CVNDI. M....	id.	SVCESI........	id.
		SVDINI........	id.
SEDATI. M. et SEDATVS....	Poitiers et St-Georges-de-Montaigu.	SVMI.........	id.
		SVOBNED. OF...	id.
		SVRVS........	id.
		SVTTICVS. F...	id.
SEFILESE OU SE-FILISE......	Poitiers.	TALASIACIPA...	id.
		TALBVCIANI OFI-CINA.......	id.
SELLA. F......	Faye-l'Abbesse.		
SENILI. M......	Poitiers.	TANEAG.......	id.
SENISIRI.......	id.	TABILIO. OFI...	id. et environs de Loudun.
SENO. MAN et SE-NI. M......	id. et le Bernard.		
		TATMALVIVS...	Poitiers.
		TAVDACI......	id.
SENTRV.......	Poitiers.	TAVRITI.......	id.
O. SERVILIS......	id.	O. TERNI........	id.
SERVI. M......	Faye-l'Abbesse.	L. TETTI. SAMIA..	id.
O. SEVERI.......	Poitiers et Rézé.	TIBERI. M....	id.
SEXAVILLIMANI..	Poitiers.	TIGOTA.......	id.
SEXTVS et SEXTI. MA........	Poitiers, Rom et le Bernard.	TITOS. F......	id. et Faye-l'Abbesse.
		TITTIVS.......	Poitiers.

DU POITOU

Noms.	Provenances.	Noms.	Provenances.
Titvsivs. fe..	id.	Vicanvs. ff..	id.
Toncvs. f....	id.	Vicari.......	id.
Togiet. m....	Rézé.	Victorini....	id.
Tovti. of....	Poitiers.	Vidvcvs. f. et	
Tretios. f....	id.	vidvcos f..	id.
Tribvni. m....	id.	Viniv.......	id.
o. Triccos......	St-Médard-des-Prés.	Viob........	id.
		Virecv......	id.
Tricci. m.....	Auzais.	Virecati. m..	Pont-Habert, près Challans.
Tvmi. ma.....	Poitiers.		
Valeri.......	id.	Viriligat....	Poitiers.
Vagirv......	Le Bernard.	of. Vital ou Vitalis........	id. et Rézé.
Vadir.......	Poitiers.		
Vavoni.......	id.	Vobani. m...	Poitiers.
Varvci. m....	id.	Volvsi......	id.
Vatvcni ou Vavcni.........	id.	Voltvrivs...	id.
		Vomvsi......	id.
Vegeti.......	id.	Vrvoed......	id.
Viin........	id.	Vlpi........	environs de Fontenay.
Venerand....	id.		
Ver (e) cv (ndus).....	id.	Vrecv......	Le Bernard et le Langon.
Verecvndi. f.	Vérines.	Vsorini. of..	Poitiers.
Verna. f....	Le Langon.	Vx.........	Ardin.
Vernacvl....	environs de Fontenay.	Xanthi......	Poitiers.
		Xelliv. m...	id.
Veri. o......	Poitiers.	Xivl........	id.
Viat.........	id.	Zoiei........	id.

2456. — Poitiers, Imprimerie Blais, Roy et Cie, rue Victor-Hugo, 7.

www.ingramcontent.com/pod-product-compliance
Lightning Source LLC
LaVergne TN
LVHW050643090426
835512LV00007B/1012